小李飞刀

多情剑客无情剑（二）

古 龙 著

文汇出版社

目 录

001 / 第十八章　一日数惊

016 / 第十九章　百口莫辩

033 / 第二十章　人心难测

049 / 第二十一章　以友为荣

065 / 第二十二章　梅花又现

081 / 第二十三章　误入罗网

098 / 第二十四章　逆徒授首

113 / 第二十五章　剑无情人却多情

124 / 第二十六章　小店中的怪客

132 / 第二十七章　小店又来怪客

149 / 第二十八章　要人命的金钱

159 / 第二十九章　长眼睛的鞭子

170 / 第三十章　漫漫的长夜

185 / 第三十一章　小李飞刀

201 / 第三十二章　知己仇敌

211 / 第三十三章　惊人之语

221 / 第三十四章　惊人的消息

233 / 第三十五章　吃人的蝎子

246 / 第三十六章　奇异的感情

256 / 第三十七章　老人

270 / 第三十八章　祖孙

282 / 第三十九章　阿飞

第十八章

一日数惊

那人身上穿着件青布袍,大袖飘飘,这件长袍无论穿在谁身上都会嫌太长,但穿在他身上,布还盖不到他的膝盖。

他本就已长得吓人,头上却偏偏还戴着顶奇形怪状的高帽子,骤然望去,就像是一棵枯树。

一只手就能力挽奔马,这份力量实在大得可怕,但更可怕的却是他的眼睛,那简直不像是人的眼睛。

他的眼睛竟是青色的,眼球是青色的,眼白也是青色,一闪一闪地发着光,就像是星火。

田七的头刚伸出去,又缩了回来,嘴唇已有些发白。

心眉大师道:"外面有人?"

田七道:"嗯。"

心眉大师的眉皱了皱,道:"什么人?"

田七道:"伊哭!"

李寻欢笑了,道:"原来是找我的。"

心眉大师道:"青魔手也是你的朋友?"

李寻欢笑道:"只可惜这朋友也像我别的朋友一样,

只想要我的脑袋。"

心眉大师面色凝重，缓缓推开门走过去，合十道："伊檀越？"

青魔手碧森森的目光，上下一扫，冷冷道："是心湖，还是心眉？"

心眉大师道："老僧心眉。"

伊哭道："车上的人是谁？"

心眉大师道："出家人不打诳语，车上除了田七爷外还有一位李檀越。"

伊哭道："好，你将李寻欢交出来，我放你走。"

心眉大师道："老僧将李某带回少林，也是为了要惩戒于他，檀越与我等同仇敌忾，便不该为难相阻。"

伊哭道："你将李寻欢放出来，我放你走。"

他说来说去还是那句话，别人无论说什么，他全都充耳不闻，碧森森的一张脸更好像是死人的脸，一点表情都没有。

心眉大师道："老僧若不答应，又要如何？"

伊哭道："那就先杀你，再杀李寻欢！"

他左臂一直是垂着的，大袖飘飘，盖住了他的手。

此刻他的手忽然伸了出来，但见青光一闪，迎面向心眉大师抓了过来，正是江湖上闻名丧胆的青魔手。

心眉大师一声怒叱，身后已有四条灰影扑了过来，心眉闪过了这一着，四个灰衣僧人已将伊哭围住。

伊哭厉声笑道："好，我早就想见识见识少林寺的罗汉阵了！"

凄厉的笑声中,突有一缕青烟射出,"波"的一响,一缕青烟化作了满天青雾。

心眉大师变色道:"快闭气!"

他只顾警告门下弟子,却忘了自己,这"快"字正是个开口音,"快"字说出,他已觉得一股腥气流入了嘴里。

少林僧人看到他面色惨变,也都大惊失色。

只见心眉大师凌空一个翻身,掠出三丈,立刻盘膝坐地,要以数十年保命交修的真气,将这股毒气逼出来。

少林僧人身形闪动,一排挡在他身前,到了这时,他们只有先顾全心眉再作打算,将李寻欢暂抛一边不顾。

伊哭却连看也不再看他们一眼,一步蹿到车门前。

李寻欢仍斜坐在那里,田七却已不见了。

伊哭瞪着李寻欢一字字道:"丘独是你杀的?"

李寻欢道:"嗯。"

伊哭道:"好,丘独一命换李寻欢一命,也算死得不冤了!"

青魔手又已扬起——

阿飞望着屋顶,已有很久很久没有说话了。

林仙儿柔声道:"你在想什么?"

阿飞道:"你说他路上绝不会有危险?"

林仙儿笑道:"绝不会,有心眉大师和田七保护他,谁敢碰他一根手指?"

她轻抚着阿飞的头发,道:"你要相信我,就放心睡吧，我就在这里，绝不会走的。"

阿飞凝视着她，她眼波是那么温柔，那么真挚。

阿飞的眼帘终于缓缓阖起。

伊哭瞪着李寻欢，狞笑道："你还有什么话说？"

李寻欢望着他青光闪闪的青魔手，缓缓道："只有一句话。"

伊哭道："什么话？你说？"

李寻欢叹了口气，道："你何必来送死？"

他的手忽然挥出！

刀光一闪，伊哭已凌空侧翻了出去。

雪地上已多了滴鲜血！

再看伊哭的身影已远在数丈外，嘶声道："李寻欢，你记着，我……"

说到这里，他声音突然停顿。

寒风如刀，天地肃杀，雪地上变得死一般静寂。

然后突有一阵掌声响起，田七自车厢后钻了出来，拍手笑道："好，好，好，小李飞刀，果然刀无虚发，名不虚传。"

李寻欢默然半晌，淡淡道："你若肯将我的穴道全解开，他就跑不了。"

田七笑道："我若将你的穴道全都解开，你就要跑了。"

他拍了拍李寻欢的肩，又笑道："你只有一双手能动，一柄刀可发，却还是能令伊哭负伤而逃，像你这种人，我对你怎能不特别小心，分外留意。"

这时少林僧人已将心眉大师扶了过来。

心眉大师脸色蜡黄，一上车就喘着气道："快，快走。"

等到车马启行，心眉长长叹了口气，道："好歹毒的青魔手。"

田七笑道："更歹毒的却是小李飞刀。"

心眉大师望向李寻欢，道："阁下居然肯出手相救，倒出了老僧意料之外。"

李寻欢笑了笑道："我救的不是你而是我自己，你用不着意外，也用不着谢我。"

田七道："我只问他是情愿和我们到少林寺去，还是情愿落在伊哭手里，然后又解开了他双臂的穴道给了他一柄飞刀。"

他微微一笑，道："我想这就已足够了。"

心眉大师默然了半响，喃喃道："小李神刀……唉，好快的刀！"

心眉大师的反应虽不够快，但内力却的确深沉，天黑时就已将毒气驱出，脸色又恢复了红润。

然后他们就找了家清静的客栈歇下，晚饭的时候也已到了——和尚不但要吃饭，还要睡觉。

田七将李寻欢扶到椅上，微笑道："我解开你一只手的穴道，是让你拿筷子，不是让你乱动的；我没有塞住你的嘴，是让你吃饭，不是让你乱说话的，你明白了么？"

李寻欢叹了口气,道:"吃饭时没有酒,就像是没有加盐的菜,淡而无味,无趣极了。"

田七道:"有饭给你吃已不错了,我看你就马虎些吧。"

少林寺果然是门规森严,这些少林僧人们吃饭时非但不说话,而且一点声音都没有。桌子上虽只有几样蔬菜,但他们本就粗菜淡饭惯了,再加上连日奔波,腹中饥饿,所以都吃得很多。

只有心眉大师内伤初愈,喝了碗用糖拌的稀粥,便不再举箸,田七早已叫了几样精致的菜,准备一个人慢慢享用,此刻他留着肚子。

李寻欢挟了块红烧豆腐,刚挟到嘴旁,忽又放下,变色道:"这菜吃不得。"

田七悠然道:"探花爷若吃不惯这些粗菜,看来就只有挨饿了。"

李寻欢沉声道:"菜中有毒!"

田七大笑道:"不让你喝酒,你的花样果然来了,我就知道你……"

他笑声骤然顿住,就像是忽然被人扼住了喉咙。

只因他发现那四个少林僧人的脸已变成死灰色,但他们却似毫无感觉,仍然低着头在吃饭。

心眉大师也已悚然失色,嘎声道:"快以丹田之气护住心脉。"

那些少林僧人居然还不知道是怎么回事,赔笑道:"师叔是在吩咐我们?"

心眉大师急着道:"自然是吩咐你们,你们中了毒难道连一点都感觉不出?"

少林僧人道:"中了毒?谁中了毒?……"

四人对望了一眼,同时叫了起来:"你的脸怎的……"

一句话未说完,四个人已同时倒了下去,等心眉大师再看他们,四张脸都已变了形状,眼鼻五官都已抽搐到一起。

他们中的毒非但无色无味,而且中毒的人竟会无丝毫感觉,等到他们发觉时,便立刻无救了。

田七忍不住打了个寒噤,嘎声道:"这是什么毒?怎地如此厉害?"

心眉大师虽然修为极深,此刻也不禁怒急攻心,一步蹿了出去,提小鸡般提了个店伙进来,厉声道:"你们在菜里下了什么毒?"

那店伙瞧见地上的四个死人,早已吓得连骨头都酥了,牙齿"咯咯"地打战,哪里还说得出话来?

李寻欢叹了口气,喃喃道:"笨蛋,若是我下的毒,我早就跑了,还在这里瞧什么热闹?"

心眉大师一掌方待拍下,突又顿住,撩起衣衫,箭步蹿出——他听李寻欢这么一说,也想到这店伙绝不会是下毒的人了。

田七跟着蹿了出去,刚蹿出门又掠回来将李寻欢挟起,冷冷道:"就算我们全都被毒死,你也跑不了的,我无论如何都会要你陪着我,我活你也活,我死你也得死。"

李寻欢笑了笑,道:"想不到你对我倒真是深情款款,只可惜你不是个绝色的美人,我对男人又偏偏全无兴趣。"

吃饭的时候已过了,厨房已空闲下来,大师傅炒了两样菜,二师傅弄来一壶酒,两人正跷着腿在那里享受着这一天中最愉快的一个时辰,他们活着,也就因为每天还有这样的一个时辰。

心眉大师虽是急怒交加,一见到他们,却呆住了。

这两人的脸竟也已赫然变成死灰色!

大师傅已有了两分酒意,笑着招呼道:"大师莫非也想来偷着喝两盅么?欢迎欢迎……"

话未说完,人已仰天跌倒在炉灶上,灶上的铁锅碰倒了油瓶,油都流在铁锅里,闪闪地发着油光。

发光的油里竟有条火红的蜈蚣。

毒,原来下在油里。

大师傅用这油炒菜给少林僧人吃过后,又用这油炒菜给自己吃,所以也不明不白地送了命。

毒总算找出来了,但下毒的人是谁呢?

李寻欢望着油锅里的蜈蚣,长叹道:"我早就知道他迟早总会来的。"

田七厉声道:"谁?你知道下毒的人是谁?"

李寻欢道:"世上的毒大致可分两种,一种是草木之毒,一种是蛇虫之毒,能自草木中提炼毒药的人较多,能提取蛇虫之毒的人较少。能以蛇虫之毒杀人于无形的，普天之下，也只不过仅有一两人而已。"

田七失声道："你……你说的难道是苗疆'极乐峒'的五毒童子？"

李寻欢叹道："我也希望来的不是他。"

田七道："他怎会到中原来了？他来干什么？"

李寻欢道："来找我。"

田七道："找你？他是你的……"

他也知道李寻欢绝不会有这种朋友的，话说到一半，就改口道："看来你的朋友并不多，仇人却不少。"

李寻欢淡淡道："仇人倒无妨，多多益善，朋友只要一两个便已足够，因为有时朋友比仇人还要可怕得多。"

心眉大师忽然道："菜中有毒，你是怎么看出来的？"

李寻欢道："我也不知道是怎么看出来的，反正我看出来了。"

他笑了笑，道："这就好像我押牌九一样，我若觉得那一门要赢，那门就有赢无输，别人若问我怎么知道的，我也回答不出。"

心眉大师凝视了他半响，缓缓道："这一路上他吃什么，我们就吃什么。"

还有两天的路程就到嵩山了，这两天却必定是最长的两天，因为江湖中人人都知道，极乐峒主若是已决心要下手杀一个人，那就非杀死不可，世上绝没有任何事能令他半途撒手。

心眉大师将他师侄们的尸身交给附近一个寺院后,就匆匆上路,一路上谁也不愿再提起吃喝两字。

但他们可以不吃不喝,赶车的却不愿陪他们挨饿,正午时就找了个小镇,自己一个人去吃喝起来。

心眉大师和田七却只有留在车里,若为了碗牛肉面和几个馍馍就去冒中毒之险,岂非太不值得。

过了半晌,只见赶车的用衣襟兜了几个馍馍,一面啃,一面走了过来,似乎啃得津津有味。

田七盯着他的脸,看了很久,忽然道:"这馍馍几枚钱一个?"

赶车的笑道:"便宜得很,味道也不错,大爷要不要尝尝?"

田七道:"好,你分给我们几个,晚上我请你喝酒。"

赶车的立刻就将馍馍全都从车窗里递了进来,又等了半晌,车马已启行,赶车的并没有什么异状。

田七才笑道:"这馍馍里总不会有毒了吧,大师请用。"

心眉大师沉吟着,缓缓道:"李檀越请。"

李寻欢笑道:"想不到两位居然也客气起来了。"

他用左手拿了个馍馍,因为他只有左手能动,只见他刚拿起馍馍,突又放下,叹息着道:"这馍馍也吃不得。"

田七皱眉道:"但赶车的吃了却没有事。"

李寻欢道:"他吃得我们却吃不得。"

田七道:"为什么?"

李寻欢道:"因为五毒童子想毒死的并不是他。"

田七冷笑道:"你是想害我们挨饿?"

李寻欢道:"你若不信,为何不试试?"

田七瞪了他半响,忽然吩咐停车,将赶车的叫了下来,分了半个馍馍给他,看着他吃下去。

赶车的三口两口就将馍馍咽下,果然连一点中毒的迹象都没有,田七用眼角瞟着李寻欢,冷笑道:"你还敢说这馍馍吃不得?"

李寻欢道:"还是吃不得。"

他懒洋洋地打了个呵欠,竟似睡着了。

田七恨恨道:"我偏要吃给你看。"

他嘴里虽这么说,却毕竟还是不敢冒险,只见一条野狗正在车窗前夹着尾巴乱叫,似也饿疯了。

田七眼珠子一转,将半个馍馍抛给狗吃,这条狗却对馍馍没什么兴趣,只咬了一口,就没精打采地走开了。

谁知它还没有走多远,忽然狂吠一声,跳了起来,倒在地上一阵抽搐,就动也不动了。

田七和心眉大师这才真的吃了一惊。

李寻欢叹了口气,喃喃道:"我说得不错吧,只可惜毒死的是条狗,不是你。"

田七一向以喜怒不形于色自傲,此刻面上也不禁变了颜色,恶狠狠地瞪着那赶车的,厉声道:"这是怎么回事?"

赶车的身子发抖,颤声道:"小人不知道,馍馍是小人方才在那面店里买的。"

田七一把揪住他，狞笑道："狗都被毒死了，为何没毒死你？莫非是你下的毒？"

赶车的牙齿打战，也吓得说不出话了。

李寻欢淡淡道："你逼他没有用，因为他的确不知道。"

田七道："他不知道谁知道？"

李寻欢道："我知道。"

田七愣了愣，道："你知道？你知道这是怎么回事？"

李寻欢道："馍馍里有毒，面汤里却有解药。"

田七愣了半晌，恨恨道："早知如此，我们先前为何不吃面？"

李寻欢道："你若吃面，毒就在面里了。"

极乐峒主下毒的本事的确防不胜防，遇着这种对手，除了紧紧闭着嘴之外，还有什么别的法子？

心眉大师沉声道："好在只有一两天就到了，我们拼着两日不吃不喝又何妨？"

田七叹道："纵然不吃不喝，也未必有用。"

心眉大师道："哦？"

田七道："他也许就要等到我们饿得无力时再出手。"

心眉大师默然无语。

田七目光闪动，忽又道："我有个主意。"

心眉大师道："什么主意？"

田七压低语声，沉声道："他要毒死的人既非大师，亦非在下……"

他瞟了李寻欢一言，住口不语。

心眉大师沉下了脸，道："老僧既已答应将此人带回少林，就万万不能让他在半途而死！"

田七没有再说什么，但只要一看到李寻欢，目中就充满杀机，心里似乎已打定了主意——

"和尚不但要吃饭睡觉，也要方便的。"

谁知心眉大师似也窥破了他的心意，无论干什么，无论到哪里去，都绝不让李寻欢落在自己视线之外。

田七虽然又急又恨，却也无计可施。

车行甚急，黄昏时又到了个小镇，这次赶车的也不敢再说要吃要喝了，车马走上长街时，突有一阵阵油煎饼的香气扑鼻而来，对一个已有十几个时辰水米未沾的人说来，这香气之美，实是无法形容。

只见街角果然有油煎饼的摊子，生意好得很，居然有不少人在排队等着，买到手的立刻就用大葱蘸甜面酱就着热饼站在摊子旁吃，有的已吃完了正在用袖子抹嘴，一个人也没有被毒死。

田七忍不住道："这饼吃不得么？"

李寻欢道："别人都吃得，唯有我们吃不得，就算一万个人吃了这油煎饼都没有事，但我们一吃，就要被毒死！"

这话若在前两天说，田七自然绝不相信，但此刻他只要一想到那极乐峒主下毒手段之神奇难测，就不禁毛骨悚然，就算吃了这油煎饼立刻就能成佛登仙，他也是万万不敢再尝试的了。

突听一个孩子哭嚷着道:"我要吃饼……娘,我要吃饼。"

只见两个七八岁的小孩子站在饼摊旁,一面跳,一面叫,饼摊旁的杂货店里就有个满身油腻的肥胖妇人走了出来,一人给了他们一耳光,拎起他们的耳朵往杂货铺里拖,嘴里还骂骂咧咧地道:"死不了的小囚囊,有面饽饽给你们吃,已经是你们的造化了,还想吃油煎饼?等你那死鬼老子发了财再吃油煎饼吧。"

那孩子哭着道:"发了财我就不吃油煎饼了,我就要吃蛋炒饭。"

李寻欢听得暗暗叹息。

这世上贫富之不均,实在令人叹息。在这两个小小孩子的心目中,连蛋炒饭都已是了不得的享受了。

街道很窄,再加上饼摊前人又多又挤,是以他们的车马走了半天还未走过去,这时那两个孩子已捧着个粗茶碗走了出来,坐在道旁,眼巴巴地望着别人手里的油煎饼,还在淌眼泪。

田七望着他们碗里的面饽饽,忽然跳下车,抛了锭银子在饼摊上,将刚出锅的十几个油饼拿了就走。

后面等的人虽然生气,但瞧见他这种气派,也不敢多说话了,只有在嘴里暗骂:"直娘贼。"

田七将一叠油煎饼都捧到那两个孩子面前,笑道:"小弟弟,我请你吃饼,你请我吃面饽饽,好吗?"

那两个孩子瞪大了眼睛,似乎不敢相信世上有这种好人。

田七道:"我再给你们一吊钱买糖吃。"

那两个孩子发了半天愣,将手里的碗往田七手上一递,一个拿饼,一个拿钱,站起来转身就跑。

心眉大师目中已不觉露出一丝笑意,看到田七已捧着两碗饽饽走上车来,心眉大师忍不住一笑,道:"檀越果然是足智多谋,老僧佩服。"

田七笑道:"在下倒不是好吃,但晚上既然还要赶路,就非得吃饱了才有精神,否则半路若又有变,体力不支,怎闯得过去?"

心眉大师道:"正是如此。"

田七将一碗饽饽送了过去,道:"大师请。"

心眉大师道:"多谢。"

这碗饽饽虽然煮得少油无盐,又黄又黑,但在他们说来,却已无疑是山珍海味,龙肝凤髓。

因为谁都可以确定这饽饽里必定是没有毒的。

田七眼角瞟着李寻欢,笑道:"这碗饽饽你说吃不吃得?"

李寻欢还未说话,又咳嗽起来。

田七大笑道:"极乐童子若能先算准那孩子要吃油煎饼,又能算准我会用油饼换他的面,能先在里面下了毒,那么我就算被毒死也心甘情愿。"

他大笑着将一碗饽饽都吃了下去!

心眉大师也认为极乐童子纵有非凡的手段,但毕竟不是神仙,至少总不能事事未卜先知!

第十九章

百口莫辩

心眉大师吃着田七由小孩手上换来的那碗饽饽，他也吃得很放心，只不过出家人一向讲究细嚼慢咽，田七一碗全都下了肚，他才吃了两口。

这时车马已驶出小镇，赶车的只希望快将这些瘟神送到地头，好吃一顿，是以将马打得飞快。

田七笑道："照这样走法，天亮以前，就可以赶到嵩山了。"

心眉大师面上也露出一丝宽慰之色，道："这两天山下必有本门弟子接应，只要能……"

他语声突然停顿，身子竟颤抖起来，连手里端着的一碗面饽饽都拿不稳了，面汤泼出，玷污了僧衣。

田七变色道："大师你……你莫非也……"

突听"波"的一声，面碗被心眉大师捏碎。

田七大骇道："这碗面饽饽里难道也有毒？"

心眉大师长长叹息了一声，黯然无语。

田七一把揪住李寻欢的衣襟，嗄声道："你看看我的脸，我的脸是不是也……"

他也骤然顿住语声，因为这句话已用不着再问了。

李寻欢叹了口气道："我虽然一向都很讨厌你，却也不愿看着你死。"

田七面如死灰，全身发抖，恨恨地瞪着李寻欢，眼珠子都快凸了出来，过了半晌，忽然狞笑道："你不愿看着我死，我却要看着你死！我早就该杀了你的！"

李寻欢道："你现在杀我不嫌太迟了么？"

田七咬牙道："不错，我现在要杀你的确已迟了，但也还不太迟。"

他的手已扼住了李寻欢的脖子。

阿飞已站了起来。

他脸色还是很难看，但身子却已能站得笔直。

林仙儿脉脉含情地望着他，眼波中充满了爱慕之意，嫣然道："你这人真是铁打的，我本来以为你最少要过三四天才能起床，谁知你不到半天就已下了地。"

阿飞在屋子里缓缓走了两圈，忽然道："你看他能不能平安到达少林寺？"

林仙儿嘟着嘴，道："你真是三句不离本行，说来说去只知道他、他，你为什么不说说我，不说说你，你自己。"

阿飞静静地望着她，缓缓道："你看他能不能平安到达少林寺？"

无论林仙儿说什么，他还是只有这一句话。

林仙儿"扑哧"一笑，道："你呀！我拿你这人真是没法子。"她温柔地拉着阿飞坐下,柔声道:"但你只管放心,他现在说不定已坐在心湖大师的方丈室喝茶了,少林寺的茶一向很有名。"

阿飞神色终于缓和了些,居然也笑了笑,道:"据我所知,他就算被人扼住,也绝不肯喝茶的。"

李寻欢已喘不过气来。

田七自己的面色也愈来愈可怕,几乎也已喘不过气来。但他一双青筋暴露的手却死也不肯放松。

李寻欢只觉眼前渐渐发黑,田七的一张脸似已渐渐变得很遥远,他知道"死"已距离他渐渐近了。

在这生死俄顷之间,他本来以为会想起很多事,因为他听说一个人临死前总会忽然想起很多事来的。

可是他却什么也没有想起,既不觉得悲哀,也不觉恐惧,反而觉得很好笑,几乎忍不住要笑了出来。

因为他从来也未想到居然会和田七同时咽下最后一口气,纵然在黄泉路上,田七也不是个好伴侣。

只听田七嘶声道:"李寻欢,你好长的气,你为何还不死?"

李寻欢本来想说:"我还在等着你先死哩!"

可是现在他非但说不出话,连气都透不出来了,只觉田七的语声似也变得很遥远,就仿佛是自地狱边缘传来的。

他已无力挣扎,已渐渐晕过去。

突然间,他隐隐约约听到一声惊呼,呼声似也很遥远，但听来又仿佛是田七发出来的。

接着，他就觉得胸口顿时开朗，眼前渐渐明亮。

于是他又看到了田七。

田七已倒在对面的车座上，头歪到一边，软软地垂了下来，只有一双死鱼般的眼睛似乎仍在狠狠地瞪着李寻欢。

再看心眉大师正在喘息着，显然刚用过力。

李寻欢望着他，过了很久，才叹息着道："是你救了我？"

心眉大师没有回答这句话，却拍开了他的穴道，嘎声道："趁五毒童子还没有来，你快逃命去吧。"

李寻欢非但没有走，甚至连动都没有动，沉沉道："你为何要救我？你已知道我不是梅花盗？"

心眉大师叹道："出家人临死前不愿多造冤孽，无论你是否梅花盗，都快走吧，等五毒童子一来，你再想逃就迟了。"

李寻欢凝注着他已发黑的脸，轻轻叹息了一声，道："多谢你的好意，只可惜我什么都会，就是不会逃命。"

心眉大师着急道："现在不是你逞英雄的时候，你体力未恢复，也万万不是五毒童子的对手，只要他一来，你就……"

突听拉车的马一声嘶，赶车的一声惨呼，车子斜斜冲了出去，"轰"地撞上了道旁的枯树。

心眉大师撞在车壁上，嘶声道："你为何还不去？难道还想救我？"

李寻欢淡淡道:"你能救我,我为何不能救你?"

心眉大师道:"可是——可是我已离死不远,迟早总是一死。"

李寻欢道:"你现在还没有死,是么?"

他不再说话,却自田七怀中搜出了一柄刀。

一柄很轻、很薄的小刀。

一柄小李飞刀!

李寻欢嘴角似乎露出了一丝微笑。

车厢已倾倒,车轮犹在不停地滚动着,发出一阵阵单调而丑恶的声音,在这荒凉的黑夜里听来分外令人不愉快。

李寻欢喃喃道:"这车轴早就该加油了……"

此时此刻,他居然还会想起车轴该不该加油的问题,心眉大师愈来愈觉得这人奇怪得不可思议。

他活了六十多岁,从未见过第二个这样的人。

这时李寻欢已扶着他出了车厢,刺骨的寒风猛然吹上了他们的脸,那感觉就好像刀割一样。

心眉大师叹道:"你本不必这样做的,你……你还是快走吧。"

李寻欢却倚着车厢坐了下来,天上无星无月,大地一片沉寂,寒风吹着枯树,宛如鬼魅在迎风起舞。

心眉大师用尽目力,也瞧不见一个人的影子。

只听李寻欢朗声道:"极乐峒主,你来了么?"

寒风呼啸,却听不见人声。

李寻欢道:"你既不来,我就要走了。"

他忽然将心眉半拖半抱地拉了起来。

心眉大师道:"你……你想到哪里去?"

李寻欢道:"自然是少林寺。"

心眉大师失声道:"少林寺?"

李寻欢道:"我们这一路拼命地赶,岂非就是为了要赶到少林寺么?"

心眉大师道:"但……但现在你已不必去了。"

李寻欢道:"现在我更非去不可。"

心眉大师道:"为什么?"

李寻欢道:"因为只有少林寺或许还有救你的解药。"

心眉大师道:"你……你为何要救我?我本是你的敌人。"

李寻欢道:"我救你,就因为你毕竟还是个人。"

心眉大师默然半晌,长叹道:"若是真的能赶到少林,我一定会设法证明你的无辜,现在我已可断定你绝非梅花盗了。"

李寻欢只笑了笑,什么也没说。

心眉大师黯然道:"只可惜你若带着我,就永远也无法赶到少林寺的,五毒童子现在虽然还未现身,但他绝不会放过你。"

李寻欢轻轻地咳嗽。

心眉大师道:"以你的轻功,一个人走也许还有希望,又何必要我来拖累你?只要你有此心意,老僧已是死而无憾的了。"

突听一人吃吃笑道:"道貌岸然的少林和尚,居然会和狂嫖乱饮的风流探花交上朋友了,这倒真是天下奇闻。"

笑声忽远忽近,也不知究竟是从哪里传来的。

心眉大师的身子骤然僵硬了起来,道:"极乐峒主?"

那声音咯咯笑道:"我煮的面饽饽味道还不错么?"

李寻欢微笑道:"阁下既然想要我这风流探花的命,为何又不敢现身呢?"

极乐峒主道:"我用不着现身,也可要你的命。"

李寻欢道:"哦?"

极乐峒主笑道:"到今夜为止,死在我手上的人已有三百九十三个,非但从来没有一人见到过我,根本连我的影子都看不到。"

李寻欢笑道:"我也早已听说阁下是个侏儒,丑得不敢见人,想不到江湖传说竟是真的。"

那忽远忽近,缥缥缈缈的笑声忽然停顿。

过了半晌,才听到极乐峒主的声音道:"我若让你在天亮之前就死了,算我对不起你。"

李寻欢大笑道:"我在天亮前自然不会死的,阁下却难说得很了。"

他笑声还未停顿,突听一阵奇异的吹竹声响起。

雪地上忽然出现了无数条蠕蠕而动的黑影,有大有小,有长有短,黑暗中也看不出究竟是些什么,只能嗅到阵阵扑鼻的腥气。

心眉大师骇然道:"五毒一出,人化枯骨,你此时不走,更待何时?"

李寻欢像是根本没听到他说什么,朗声笑道:"据说极乐峒中的毒物成千上万,我怎地只不过看到几条小毛虫而已,难道其他的已全都死光了么?"

吹竹之声更急,雪地上的黑影已将李寻欢和心眉围住,有几条已渐渐爬到他们的脚旁。

心眉大师几乎已忍不住要呕吐出来。

这时才听得极乐峒主咯咯笑道:"我这'极乐虫'乃七种神物交配而成,非血肉不饱,等到两位连皮带骨都已进了它们的肚子,你就不会嫌它小了。"

他话未说完,突见刀光一闪。

小李飞刀已发出。

心眉大师几乎忍不住要失声惊呼出来。

他也知道李寻欢手里的飞刀乃是他们唯一的希望,现在李寻欢却连对方的影子都未看到,飞刀便已出手。

这一刀不中,他们便要化为枯骨。

这是李寻欢的孤注一掷,却拿他自己的生命作赌注。

这一注赢的机会实在不大。

心眉大师再也想不到李寻欢竟会如此冒失。

但就在这时,刀光一闪而没,没入黑暗中,黑暗中却响起了一阵短促但却刺耳的惨呼。

接着,一个人自黑暗中冲了出来。

他身形矮小如幼童,身上穿着条短裙,露出一双腿,虽在如此严寒中,也一点不觉得冷。

他的头也很小，眼睛却亮如明灯。

此刻这双眼睛里仿佛充满了惊惧与怨毒，狠狠地瞪着李寻欢，像是想说什么，但喉咙里只是咯咯地发响，一个字也说不出。

心眉大师赫然发现小李飞刀正刺在他的咽喉上——小李飞刀，果然是例不虚发！

极乐峒主只觉一口气憋在喉咙里，实在忍不住，反手拔出了飞刀，一拔出飞刀，这口气就吐了出来。

鲜血也随之飞溅而出。

极乐峒主狂吼道："好毒的刀。"

这时雪地上的毒虫，已有的爬上了李寻欢的腿。但李寻欢却连动都不动，心眉大师也不敢动。

他只觉身子发软，几乎已站不住了。

小李飞刀虽霸绝天下，但他们还是免不了要喂饱毒虫。

谁知极乐峒主一声狂吼，鲜血刚溅出，数十百条毒蛇突然箭一般蹿了回去，一条条全都叮在极乐峒主的咽喉上。

只听沙沙之声不绝于耳，极乐童子已化为一堆枯骨，但毒虫饱食了他的血肉后，也软瘫在地，不能动了。

他以毒成名，终于也以身殉毒！

这景象实在令人惨不忍睹。

心眉大师瞑目合十，暗诵佛号，过了很久，才长长叹息了一声，张开眼来，望着李寻欢叹道："檀越不但飞刀天下无双，定力也当真是天下无双。"

李寻欢笑了笑，道："不敢当，我只不过早已算准这些吃人的毒虫一嗅到血腥气就会走的，其实我心里也害怕得很。"

心眉大师道："檀越你也会害怕？"

李寻欢笑道："除了死人外，世上哪有不会害怕的人？"

心眉大师长叹道："临危而不乱，虽惧而不馁。檀越之定力，老僧当真是心服口服，五体投地了。"

他语声渐渐微弱，终于也倒了下去。

天已亮了。

李寻欢坐在昏迷不醒的心眉大师身旁，似已睡着。

他将极乐童子和那些"极乐虫"都埋了起来，走了一个多时辰，才在小镇上雇了这辆骡车。

骡车颠簸得很厉害，但他还是睡得很香，因为他已精疲力竭，喝了两碗豆汁后，世上就再也没有什么事能令他的眼睛不闭上。

也不知过了多久，骡车突然停下。

李寻欢几乎立刻就张开眼来，掀起车篷后的大棉布帘子，寒风扑面，他顿觉精神一爽。

只听车夫道："嵩山已到了，骡车上不了山，大爷你只好自己走吧。"

这赶车的被李寻欢从热被窝里拉起来，又被老婆逼着接这趟生意，正是满肚子不高兴。

再加上脚力钱也都被他老婆"先下手为强"了，若不是车上有个和尚，他只怕半路就停了车。

嵩山附近数十县，对出家人都尊敬得很。

李寻欢抱着心眉下了车，忽然塞了锭银子在赶车的手里，笑道："这是给你留作私房钱打酒喝的，我知道娶了老婆的男人若没有几个私房钱，那日子真是难过得很。"

赶车的喜出望外，还未来得及道谢，李寻欢已走了；睡觉固然是非睡不可，时间也万万耽误不得。

冰雪封山，香客绝迹。

李寻欢展开身法，觅路登山。

山麓下有个小小的庙宇，几个灰袍、芒鞋、白袜的少林僧人正在前殿中烤火取暖，还有两人躲在门后的避风处瞭望。

瞧见有人以轻功登山，这两人立刻迎了出来。

一人道："檀越是哪里来的？是不是……"

另一人见到李寻欢身后背着的是个和尚，立刻抢着道："檀越背的可是少林弟子？"

李寻欢脚步放缓，到了这两人面前，突然一掠三丈，从他们头顶上飞掠了过去，脚尖沾地，再次掠起。

在这积雪的山道上，他竟还能施展"蜻蜓三抄水"的绝顶轻功，少林僧人纵然眼高于顶，也不禁为之悚然动容。

等庙里的僧人追出来时，李寻欢早已去得远了。

嵩山本是他旧游之地，他未走正道，却自后面的小路登山，饶是如此，还是走了一个多时辰才看到少林寺恢宏的殿宇。

自菩提达摩于梁武帝时东渡中土，二十八传至神僧迦叶，少林代出才人，久已为中原武林之宗主。

远远望去，只见重檐积雪，高耸入云，殿宇相连，也不知有几多重，气象之宏大，可称天下第一。

李寻欢自山后入寺，只见雪地上林立着大大小小的舍利塔，他知道这正是少林寺的圣地"塔林"，也就是少林历代祖师的埋骨处，这些大师们生前名传八方，死后又何曾多占了一尺地。

无论谁到了这里，都不禁会油然生出一种摒绝红尘，置身方外之念，又何况久已厌倦名利的李寻欢。

他忍不住又咳嗽起来。

突听一人沉声道："擅闯少林禁地，檀越也未免太目中无人了吧？"

李寻欢朗声道："心眉大师负伤，在下专程护送回来疗治，但求贵派方丈大师赐见。"

惊呼声中，少林僧人纷纷现身，合十道："多谢檀越，不知高姓大名？"

李寻欢叹了口气，缓缓道："在下李寻欢。"

庭院寂寂，雪在竹叶上融化。

竹林深处，是间精雅的禅舍，从撑开的窗子里望进去，可以看到有两个人正在下棋。

右面的是位相貌清癯的老和尚，他的神情是那么沉静，就像是已和这静寂的天地融为一体。

左面的是位枯瘦矮小的老人，目光炯炯，隆鼻如鹰，使人全忘了他身材的短小，只能感觉到一种无比的权威和魄力。

普天之下，能和少林掌门心湖大师对坐下棋的人，除了这位"百晓生"之外，只怕已寥寥无几。

这两人下棋时，天下只怕也没有什么事能令他们中止，但听到"李寻欢"这名字，两人竟都不由自主长身而起。

心湖大师道："此人现在哪里？"

蹑着脚进来通报的少林弟子躬身道："就在二师叔的禅房外。"

心湖大师道："你二师叔怎样了？"

那少林僧人道："二师叔伤得仿佛不轻，四师叔和七师叔正在探视他老人家的伤势。"

李寻欢负手站在檐下，遥望着大殿上雄伟的屋脊，寒风中隐隐有梵唱之声传来，天地间充满了古老而庄严的神秘。

他已感觉到有人走过来，但他并没有转头去瞧，在这庄严而神秘的天地中，他已不觉神游物外。

心湖大师和百晓生走到他身外十步处就停下，心湖大师虽然久闻"小李探花"的名声，但直到此刻才见着他。

他似乎想不到这懒散而潇洒，潇洒却沉着，充满了诗人气质的落魄客，就是名满天下的浪子游侠。

他仔细观察着他，绝不肯错过任何一处地方，尤其不肯错过他那双瘦削、纤长的手。

这双手究竟有什么魔力？

为何一柄凡铁铸成的刀，到了这双手里就变得那么神奇？

百晓生十年前就见过他的，只觉得这十年来他似乎并没有什么改变，又似乎已改变了许多。

也许他的人并没有什么改变，改变的只是他的心，他似乎变得更懒散，更沉着，也更寂寞。

无论和多少人在一起，他都是孤独的。

百晓生终于笑了笑，道："探花郎别来无恙？"

李寻欢也笑了笑，道："想不到先生居然还认得在下。"

心湖大师合十道："却不知探花郎认得老僧否？"

李寻欢长揖道："大师德高望重，天下奉为泰山北斗，在下江湖末学，常恨无缘得识，今日得见法驾，何幸如之？"

心湖大师道："探花郎不必太谦，敝师弟承蒙檀越护送回寺，老僧先在此谢过。"

李寻欢道："不敢。"

心湖大师再次合十，道："待老僧探过敝师弟的伤势，再来陪檀越叙话。"

李寻欢道："请。"

等心湖走进屋子，百晓生忽又一笑，道："出家人的涵养功夫果然非我等能及，若换了是我，对阁下只怕就不会如此多礼了。"

李寻欢道："哦？"

百晓生道："若有人伤了你的师弟和爱徒，你会对他如此客气？"

李寻欢道:"阁下难道认为心眉大师是被我所伤的?"

百晓生背负着双手,仰面望天,悠然道:"除了小李探花外,还有谁能伤得了他?"

李寻欢道:"若是我伤了他,为何还要护送他回寺?"

百晓生道:"这才正是阁下的聪明过人之处。"

李寻欢道:"哦?"

百晓生道:"无论谁伤了少林护法,此后只怕都要永无宁日,少林南北两支的三千弟子,是绝不会放过他的,这力量谁也不敢忽视。"

李寻欢道:"说的是。"

百晓生道:"但阁下既已将心眉师兄护送回来,别人非但不会再怀疑他是伤在你手下的,也不会再怀疑你是梅花盗,你伤了他之后,还要少林弟子感激于你,这手段实在高明已极,连我都不禁佩服得很。"

李寻欢又笑了,仰面笑道:"百晓生果然是无所不知,无所不晓,难怪江湖中所有的大帮大派都要交你这朋友,和你交朋友的好处实在不少。"

百晓生居然神色不变,道:"我说的只不过是公道话而已。"

李寻欢道:"只可惜阁下却忘了一件事,心眉大师还没有死,他自己总知道自己是被谁所伤的,到那时阁下岂非要将自己说出来的话吞回去了么?"

百晓生叹息了一声,道:"若是我猜得不错,心眉师兄还能说话的机会只怕已不多了。"

突听心湖大师厉声道："敝师弟若非伤在你的手下，是伤在谁的手下？"

他不知何时已走了出来，面上已笼起一阵寒霜。

李寻欢道："大师难道看不出他是中了谁的毒？"

心湖大师没有回答这句话，却回头唤道："七师弟。"

江湖中人人都知道少林乃武林正宗，讲究的是心法内功，自不以暗器和下毒为能事，只有首座七弟子中排名最末的心鉴大师乃是半路出家，带艺投师的，未入山林前，人称"七巧书生"，却是位使毒的大行家。

只见这心鉴大师面色蜡黄，终年都仿佛带着病容，但一双眼睛却是凛凛有威，闪电般在李寻欢面前一扫，沉声道："二师兄中的毒乃是苗疆极乐峒主精炼成的'五毒水晶'，此物无色无味，透明如水晶，中毒的人若得不到解药，全身肌肤也会渐渐变得透明如水晶，五脏六腑都历历可数，到了那时，便已毒发无救。"

李寻欢道："大师果然高明……"

心鉴大师冷冷道："贫僧只知道二师兄中的乃是'五毒水晶'，但下毒的人是谁，贫僧却不知道。"

百晓生道："说得好，毒是死的，下毒的人却是活的……"

心鉴大师道："极乐峒主虽然行事恶毒，但人不犯他，他也绝不犯人，本门与他素无纠葛，他为何要不远千里而来暗算二师兄？"

李寻欢叹了口气,道:"这只因他的对象并非心眉大师,而是我。"

百晓生道:"这话更妙了,他要害的人是你,你却好好地站在这里;他并没有加害心眉师兄之意,心眉师兄反而中了毒。"

他盯着李寻欢,一字字道:"你若还能说得出这是什么道理,我就佩服你。"

李寻欢沉默了很久忽又笑了,道:"我说不出,只因我无论说什么,你们都不会相信。"

百晓生道:"阁下说的话确实很难令人相信。"

李寻欢道:"我虽说不出,但还是有人能说得出的。"

心湖大师道:"谁?"

李寻欢道:"心眉大师,为何不等他醒来之后再问他。"

心湖大师凝视着他,目光冷得像刀。

心鉴大师的脸上也笼着层寒霜,一字字道:"二师兄永远也不会醒过来了!"

第二十章

人心难测

冷风如刀,积雪的屋脊上突有一群寒鸦惊起,接着,屋脊后就响起了一阵清亮却凄凉的钟声。

连钟声都似乎在哀悼着他们护法大师的圆寂。

李寻欢仿佛第一次感觉风中的寒意,终于忍不住剧烈地咳嗽起来,心里也不知是愤怒还是难受。

等他咳完了,就发现数十个灰衣僧人一个接着一个自小院的门外走了出来,每个人脸上却像是凝结着一层寒冰。

每个人的眼睛都盯着他,嘴都闭得紧紧的,钟声也不知何时停顿,所有的声音都似已在寒气中凝结,只有脚踏在雪地上,沙沙作响。

等到这脚步声也停止了,李寻欢全身都仿佛已被冻结在一层又一层比铅还沉重的寒冰里。

这古老而森严的天地,骤然充满了杀机。

心湖大师沉声道:"你还有何话说?"

李寻欢沉默了很久,长长叹息了一声,道:"没有了。"

说出来也无用的话,不说也罢。

百晓生道:"你本不该来的。"

李寻欢又沉默了很久,忽然一笑,道:"也许我的确不该来的,但时光若能倒转,我只怕还是会这样做。"

他淡淡接着道:"我平生虽然杀人无数,却从未见死不救。"

心湖大师怒道:"到了此时,你还是想狡辩?"

李寻欢道:"出家人讲的是四大皆空,不可妄动嗔念,久闻大师修为极深,怎地和在下一样沉不住气。"

百晓生道:"久闻探花郎学识渊博,怎地却忘了连我佛如来也难免要作狮子吼。"

李寻欢道:"既是如此,各位请吼吧。"

心鉴大师厉声叱道:"到了此时,你还要逞口舌之利,可见全无悔改之心,看来今日贫僧少不得要破破杀戒了。"

李寻欢笑了笑,道:"你尽管破吧,好在杀人的和尚并不止你一个人!"

心鉴大师怒道:"我杀人并非为了复仇,而是降魔!"

他身形方待作势扑起,突见刀光一闪,李寻欢掌中不知何时已多了柄寒光闪闪的刀,小李飞刀。

只听李寻欢冷冷道:"我劝你还是莫要降魔的好,因为你绝不是我的对手!"

心鉴大师就像是忽然被钉子钉在地上,再也动弹不得,因为他知道只要一动,小李飞刀就要贯穿他的咽喉。

心湖大师厉声道:"你难道还想作困兽之斗?"

李寻欢叹了口气，道："日子虽不好过，我却还未到死的时候。"

百晓生道："小李飞刀纵然例不虚发，但又有几柄飞刀？能杀得了几人？"

李寻欢笑了笑，什么话也没有说。

因为他知道在这种时候不说话比说任何话都可怕得多。

心湖大师目光一直盯着李寻欢的手，忽然道："好，且待老衲来领教领教你的神刀！"

他袍衣一展，大步走出。

但百晓生却拉住了他，沉声道："大师你千万不可出手！"

心湖大师皱眉道："为什么？"

百晓生叹了口气，道："天下谁也没有把握能避开他这出手一刀！"

心湖大师道："没有人能避得开？"

百晓生道："没有！一个也没有！"

心湖大师长长呼出口气，瞑目道："我不入地狱！谁入地狱。"

心鉴大师也赶了过来嗄声道："师兄你——你一身系佛门安危，怎能轻身涉险？"

李寻欢道："不错，你们都不必来冒险的，反正少林门下有三千弟子，只要你们一声号令，会替你们送死的人自然不少。"

心湖大师脸上变了变颜色，厉声道："未得本座许诺，本门弟子谁也不许妄动，否则以门规处治，绝不宽贷……知道了么？"

少林僧人一起垂下了头。

李寻欢微笑道："我早就知道你绝不肯眼见门下弟子送死的，少林寺毕竟和江湖中那些玩命的帮会不同，否则我这激将法怎用得上？"

百晓生冷冷道："少林师兄们纵然犯不上和你这种人拼命，但，你难道还走得了么？"

李寻欢笑了笑，道："谁说我想走了？"

百晓生道："你……你不想走？"

李寻欢道："是非未明，黑白未分，怎可一走了之！"

百晓生道："你难道能令极乐洞主到这里来自认是害死心眉师兄的凶手？"

李寻欢道："不能，只因他已死了！"

百晓生道："是你杀了他？"

李寻欢淡淡道："他也是人，所以他没有躲过我出手一刀！"

心湖大师忽然道："你若能寻出他的尸身，至少也可证明你并非完全说谎。"

李寻欢只觉心里有些发苦，苦笑道："纵然寻得他的尸骨，也没有人能认得出他是谁了。"

百晓生冷笑道："既是如此，天下还有谁能证明你是无辜的？"

李寻欢道："到目前为止，我还未想出一个人来。"

百晓生道："那么现在你想怎样？"

李寻欢默然半晌，忽又笑了笑，道："现在我只想喝杯酒。"

阿飞坐的姿势很不好看，他从来也不会像李寻欢那样，舒舒服服地坐在一张椅子里。

他这一生中几乎很少有机会能坐上一张真的椅子。

屋子里燃着炉火，很温和，他反而觉得很不习惯，林仙儿蜷伏在火炉旁，面靥被炉火烤得红红的。

这两天，她似乎连眼睛都没有阖过，现在阿飞的伤势似奇迹般痊愈了，她才放心地睡着。

她睡着时仿佛比醒时更美，长长的睫毛覆盖在眼帘上，浑圆的胸膛温柔地起伏着，面颊红得像桃花。

阿飞静静地望着她，似已痴了。

屋子里只有她均匀的呼吸声，炉火的燃烧声，外面的雪已在融化，天地间充满了温暖和恬静。

阿飞的目中却渐渐露出了一丝痛苦之色。

他忽然站了起来，悄悄穿起了靴子。

美丽的事物往往就如同昙花，一现即逝，谁若想勉强保留它，换来的往往只有痛苦和不幸。

阿飞轻轻叹息了一声，在屋角的桌上寻回了他的剑，墙上挂着一幅字，是李寻欢的手笔，其中有一句是："此情可待成追忆！"

两天前，阿飞还绝不会了解这句诗的意思，可是现在他却已知道，只有回忆才是真正永恒的。

只有回忆中的甜蜜，才能永远保持。

阿飞轻轻将剑插入了腰带。

突听林仙儿道:"你……你要做什么?"

她忽然惊醒了,美丽的眼睛吃惊地望着阿飞。

阿飞却不敢回头看她,咬了咬牙,道:"我要走了!"

林仙儿失声道:"走?"

她站起来,冲到阿飞面前,颤声道:"你连说都不说一声,就要悄悄地走了?"

阿飞道:"既然要走,又何必说。"

林仙儿身子似乎忽然软了,倒退几步,倒在椅子上,望着阿飞,两滴泪珠已滚了下来。

阿飞突然觉得心里一阵绞痛,他从来未尝过这种既不是愁,也不是苦,既不是甜,也不是酸的滋味。

这难道就是情的滋味?

阿飞道:"你……你救了我,我迟早会报答你的……"

林仙儿忽然笑了起来,道:"好,你快报答我吧,我救你,就为的是要你报答我。"

她在笑,可是她的眼泪却流得更多。

阿飞黯然道:"我也知道你的心意,但我不能不去找李寻欢……"

林仙儿道:"你怎知我不愿去找他,你为何不带我走?"

阿飞道:"我……我不愿连累你。"

林仙儿流泪,道:"连累我?你以为你走了后,我就会很幸福么!"

阿飞想说话,但嘴唇却有些发抖。

他从未想到自己的嘴唇也会发抖。

林仙儿忽然扑过来抱住了他,紧紧抱住了他,像是要用全部生命抱住他,颤声道:"带我走,带我走吧,你若不带我走,我就死在你面前。"

这世上能在美丽的女人面前说"不"字的男人已不多,女人若是说要死的时候,能拒绝她的男人只怕就连一个都没有了。

夜很静。

阿飞走出屋子,就看到一片积雪的梅花。

原来这里就是"冷香小筑",奇怪的是,这两天兴云庄已闹得天翻地覆,却没有一个人到这里来。

他们若要搜捕阿飞,为何未搜到这里。

他们为何如此信任林仙儿?

林仙儿紧紧拉着阿飞的手,道:"我要去跟我姐姐说一句才能走。"

阿飞道:"你去吧。"

林仙儿咬着嘴唇一笑,道:"我不放心留你一个人在这里,我要跟你一起走。"

阿飞道:"可是你的姐姐……!"

林仙儿道:"你放心,她也是李寻欢的好朋友。"

她拉着阿飞穿过梅林,奔过小桥,园中静无人声,灯火也很寥落,阿飞竟似再也无力抛脱她的手。

小楼上还有一点孤灯,却衬得这小楼更孤零萧索。

小楼上黄幔低垂,人却未睡。

林诗音正守着孤灯,痴痴地也不知在想什么。

林仙儿拉着阿飞悄悄走上来,轻轻唤道:"大姐……大姐你为何还没有睡?"

林诗音还是痴痴地坐着,连头都没有抬起。

林仙儿道:"大姐,我……我是来向你告别的,我要走了,可是……可是我绝不会忘了大姐对我的恩情,我很快就会回来看你的!"

林诗音似乎听不懂她在说什么,过了很久,才慢慢点了点头,道:"你走吧,走了最好,这里本已没有什么可留恋之处。"

林仙儿道:"姐夫呢?"

林诗音似又过了很久才听懂她的话,喃喃道:"姐夫?……谁的姐夫?"

林仙儿道:"自……自然是我的姐夫。"

林诗音道:"你的姐夫我不知道……我不知道……我不知道……"

林仙儿似乎呆住了,呆了半晌,才勉强一笑,道:"我们现在要由近路赶到少林去……"

林诗音突然跳了起来大声道:"你走吧,快走,快走……一个字都莫要说了,快走!快走!"

她挥着双手,将林仙儿和阿飞全部都赶了下去,又缓缓坐回灯畔,眼泪已流下了面颊。

低垂着的黄幔外缓缓走出一个人,竟是龙啸云。

他瞪着林诗音，嘴角泛起了一丝狞笑，冷冷道："他们就算到了少林也没有用的，普天之下，已经没有任何人能救得了李寻欢了……"

阿飞吃得虽多，并不快，每一口食物进了嘴，他都要经过仔细的咀嚼后再咽下去。

但他又并不是像李寻欢那样在慢慢品尝着食物的滋味，他只是想将食物的养分尽量吸收，让每一口食物都能在他体内发挥最大的力量。

长久的艰苦生活，已使他养成了一种习惯，也使他知道食物的可贵，在荒野中，每餐饭都可能是最后的一餐。

他吃了一餐饭后，永远不知道第二餐饭在什么时候才能吃得到嘴，所以每一口食物他都绝不能浪费。

这客栈并不大，他们不停地走了一天之后，才在这里歇下，此刻饭铺都已打烊，他们只有在屋子里吃饭。

林仙儿托着腮，脉脉含情地望着他。

她从未见过一个对食物如此尊敬的人，因为只有知道饥饿可怕的人，才懂得对食物尊敬。

阿飞将盘子里最后一根肉丝和碗里最后一粒米都吃干净了之后，才放下筷子，发出了一声满足的叹息。

林仙儿嫣然笑道："吃饱了？"

阿飞道："太饱了！"

林仙儿笑道："看你吃饭真有趣，你一餐吃的东西，我三天都吃不完。"

阿飞也笑了，道："但我可以三天不吃饭，你能不能？"

他笑的时候，是眼睛先笑，然后笑意就缓缓自眼睛里扩散，最后到达他的嘴，就仿佛冰雪缓缓在融化。

林仙儿看着他的笑容，似也痴了。

过了很久，她忽然问道："你忘了一件事。"

阿飞道："哦？"

林仙儿道："你的金丝甲还在我这里。"

她解开包袱，取出了金丝甲，在灯光下看来，这人人垂涎的武林重宝，的确是辉煌灿烂，不可方物。

林仙儿道："为了看你的伤势，我只有替你脱下来，一直忘了还给你。"

阿飞看也没看一眼，道："你留着吧！"

林仙儿目中露出欢喜之色，但却摇头道："这是你所得来的东西，你以后也许还会需要它的，怎么能随随便便就送给别人？"

阿飞凝视着她，声音忽然变得很温柔，道："我没有送给别人，也不会送给别人，我只是送给你。"

林仙儿痴痴地望着他，目光中充满了感激和欣喜，两人就这样无言地互相凝视着，也不知过了多久。

然后林仙儿忽然"嘤咛"一声，扑入了他怀里。

室外的风声呼啸，桌上的烛火在跳动，她的胴体是那么柔软，那么温暖，在不停地轻轻颤抖。

阿飞的心已剧烈地跳动了起来。

他一生中从未领略过，如此温柔也如此销魂的滋味。

他也是男人，而且正年轻。

虽然没有人教过他,但这种事永远不要别人教的,他缓缓垂下头,他的嘴唇覆上了她的嘴唇。

她的柔唇如火。

在这一刹那间,天地间所有其他的一切都已变得毫无意义,世间万物似乎都已焚化,时间似也停顿。

她颤抖着,发出一阵阵呻吟般的喘息。

她颤动的身子引导着他的手。

她的肌肤细致、光滑,火一般发烫。

她的发髻已凌乱,长裙已撩起,整个人都似在受着煎熬,她两条修长的、莹白的腿已纠缠在一起。

阿飞整个人都似乎已将爆裂。

在朦胧的灯光下,她莹白光滑的腿上已起了一粒粒寒栗,腿虽然是蜷曲着,纤巧的脚背却已挺直。

世上只怕再也不会有一种比这更诱人的景象。

她紧紧搂着他的脖子,滚烫的呼吸喷在他耳垂,咬得他灵魂都已崩溃。

汗珠一粒粒流过他的脸,他紧张得直抖——这是他的第一次,埋葬了二十年的情欲将在这一瞬间爆发。

他们不知何时已滚到床上。

阿飞本是个最能控制自己的人,但现在却再也控制不住了,到了这种时候,还有谁家少年能忍得住?

他解开了她的衣服。

她已完全赤裸。

他压上了她的胸膛,已能感觉到她坚挺的乳房在他胸膛上摩擦，他像是已变成了一只野兽。

但就在这时，林仙儿忽然推开了他，重重地推开了他。他骤然不意，竟被推倒在床下。

他呆住了。

只听林仙儿颤声道："我们不能这样做……不能这样做……"

她蜷曲在床上，紧紧抱着棉被，流泪道："我虽然也忍不住，可是我们现在若……若不能忍耐，以后一定会后悔的……以后你一定会将我看成一个淫荡的女人。"

阿飞没有说话，过了很久，才缓缓站起来。

他已完全冷却。

林仙儿忽也滚到地上，抱住了他的腿，流泪道："求求你，原谅我，我……我这样做只是为了我们以后的日子，我们以后的日子还很长，是么？"

阿飞咬着嘴唇，终于轻轻叹了口气，道："你这样做是对的，这是我的错，我怎会怪你？"

林仙儿道："我知道你……你现在一定很难受，你现在若一定要，我……我也可以给你，反正我迟早总是你的。"

阿飞抚着她的头发，柔声道："你可以忍，我为什么不能忍，我们以后的日子还长着哩！"

林仙儿偷偷地笑了。

因为她知道骄傲而倔强的少年，终于完全被她征服，此后必将永远臣服在她的脚下。

阿飞抱起了她，轻轻将她放在床上，替她盖起了被，在他心目中,她已是纯洁与美的化身。

她已成为他的神祇。

阿飞已走了。

林仙儿躺在床上,还在偷偷地笑。

能征服一个男人,的确是件很令人愉快的事。

突然间,窗子开了,冷风吹入。

林仙儿坐了起来道:"什么人?"

她问过这句话,就立刻看到一张脸,脸上发着惨绿色的青光,在夜色中看来就像鬼魅。

夜深人静,忽然有这样一个人在窗外出现,就算是胆子很大的男人,只怕也要被吓得魂不附体。

但林仙儿又躺了下去,既没有惊呼,也没有被吓昏,只是静静地瞧着这个人,脸上甚至连一丝惊惧之色都没有。

这人也在瞧着她,一双眼睛就像是两点鬼火。

林仙儿反而笑了,悠然道:"你既然来了,为何不进来?"

话刚说完,这人已到了她床前。

他身材高得可怕,脸很长,脖子也很长,脖子上却缠着一层白布,使得他全身都僵硬起来,像个僵尸。

但他的动作却灵活、轻巧,谁也看不出他是如何掠入窗户的,林仙儿瞧着他的脖子道:"你受了伤?"

这人瞪着眼,却闭着嘴。

林仙儿道:"是李寻欢伤了你?"

这人脸色变了变,厉声道:"你怎么知道?"

林仙儿叹了口气,道:"我本来以为你能杀死他的,谁知反而被他伤了。"

这人脸上的青气更盛,道:"你怎知我要杀他?"

林仙儿道:"因为他杀了丘独,丘独却是你的私生子!"

她淡淡一笑,接着道:"你一定又在奇怪我怎会知道这件事的,其实这道理简单得很,'青魔'伊哭从来不收徒弟,丘独却不但传得了你的武功心法,还得到你一只青魔手。"

伊哭鬼火般的眼睛盯着她,过了半晌,才一字字道:"我也认得你。"

林仙儿嫣然道:"哦,那可真是荣幸得很。"

伊哭道:"丘独死的时候,青魔手已经不见了。"

林仙儿道:"的确不见了。"

伊哭道:"他将青魔手送给了你?"

林仙儿道:"好像是的。"

伊哭怒道:"他若未将青魔手送给你,又怎会死在李寻欢手下?"

林仙儿道:"你并未将青魔手送给我,却也伤在李寻欢手下了,是么?"

伊哭咬着牙,突然一把揪住了她的头发。

林仙儿非但还是不害怕,反而笑得更甜了,柔声道:"就算他为我而死,也是他自己心甘情愿的,因为他认为很值得。"

烛火在她脸上闪动着，她的笑靥就像是蔷薇正在开放。

伊哭盯着她的脸，嘴角露出一丝狞笑，道："我倒要看看你是否值得？"

他突然将她身上的棉被掀了起来。

她赤裸的身子蜷曲着，就像是一只白玉。

伊哭的喉结上下滚动着，喉咙似已发干。

林仙儿媚笑道："你看我值得么？"

伊哭将她的头发缠在手上，愈缠愈紧，仿佛要将她头发全部拔下来，林仙儿虽已疼出了眼泪，但水汪汪的眼睛里却露出了一种兴奋的渴求之色，眯着眼瞧着伊哭，呻吟着喘息道："你为什么只敢抓我的头发？难道我身上有刺？"

这样的眼神，这样的话，有哪个男人能受得了？

伊哭突然反手一掌掴在她脸上，接着，就紧紧抓住了她的肩头，用力拧着她的身子……

林仙儿身子突然颤抖了起来，却不是痛苦的颤抖，而是兴奋的颤抖，她的脸又变得滚烫。

伊哭一拳打在她小肚上，嘎声道："贱货，原来你喜欢挨打。"

林仙儿被打得全身都缩成一团，呻吟着："你打，你再打，你打死我吧……"

她的声音里竟也没有痛苦之意，却充满了渴望。

伊哭道："你不怕我？"

林仙儿颤声道："我为什么要怕你？你虽然丑得可

怕，但却还是男人。"

伊哭一把将她整个都拎了起来，重重掼在地上，再拎起她的头发，林仙儿反而紧紧抱住了他，喘着气道："我不怕你，我喜欢你，漂亮的男人已见得太多了，我就喜欢丑的男人。你……你还等什么？"

伊哭没有再等。

任何男人都不会再等了。

屋子里只剩下喘息声。

第二十一章

以友为荣

伊哭正站在床边穿衣裳,他俯视着床上的林仙儿,面上带着那种唯有征服者才有的骄傲和满足。

过了很久,林仙儿忽然望着他嫣然一笑,道:"现在你总该知道我是不是值得的?"

伊哭道:"我真该杀了你的,否则还不知有多少人要死在你手上。"

林仙儿道:"你本是来杀我的。"

伊哭道:"哼。"

林仙儿媚笑道:"你下得了手?"

伊哭又盯了她半晌,忽然问道:"跟你一起来的那小伙子是谁?"

林仙儿笑道:"你为什么要问他,是吃醋?还是害怕?"

伊哭冷冷笑着,拒绝回答。

林仙儿眼波流动,道:"他是个乖孩子,不像你这么坏,早就远远找了间屋子去睡觉了,他若在附近能听到声音的地方,怎会让你如此欺负我。"

伊哭冷笑道："他听不到，是他的运气。"

林仙儿道："哦？你难道还想杀了他？"

伊哭道："哼。"

林仙儿笑道："你杀不了他的，他的武功很高，而且是李寻欢的朋友，我也很喜欢他。"

伊哭面色立刻变了。

林仙儿眼珠一转，又笑道："他就住在前面那排屋子最后一间，你敢去找他么？"

话未说完，伊哭已蹿了出去。

林仙儿道："小心些呀，你的咽喉上若再挨一剑，那就糟了。"

她吃吃地笑着，钻进了被窝，开心得就像是一个刚偷了糖吃，却没有被大人发觉的孩子。

比征服一个男人更愉快的事，那就是在同一天晚上征服两个男人，再让他们去互相残杀。

"他们究竟谁强些呢？"

想到伊哭的青魔手将阿飞头颅击破时的情况，她眼睛就发了光，想到阿飞的剑划入伊哭咽喉时的情况，她全身都兴奋得发抖。

想着想着，她居然睡着了，睡着了还是在笑，笑得很甜，因为无论谁杀死谁，她都很愉快。

今天晚上，她已很满足了。

床很柔软，被单也很干净，但阿飞却偏偏睡不着，他从未失眠，从不知道失眠的滋味竟如此可怕。

以前他只要累了,就算躺在雪地上都睡得着的,今天他虽然很累,但翻来覆去,总是想着林仙儿。

想起了林仙儿,他心里就觉得甜丝丝的,却又有些自责自愧,觉得自己实在冒犯了她。

他发誓今后一定要对她更尊敬,因为她不但美丽,而且可爱;不但可爱,而且又纯洁,又高贵。

能遇到这样的女孩子,他觉得自己实在很幸运。

也不知过了多久,他终于迷迷糊糊地睡着了,但突然间,他也不知为什么,竟从床上跳了起来。

大多数野兽一嗅到警兆时就会突然惊醒。

他刚将剑插入腰带,窗子已开了。

他看到一双比鬼还可怕的眼睛正在瞪着他。

伊哭道:"你和林仙儿一起来的?"

阿飞道:"是。"

伊哭道:"好,你出来。"

窗外就是墙,墙和窗中间,只有条三尺多宽的空隙,阿飞和伊哭就面对面地站在那里。

阿飞没有说话,他不喜欢说话,从来不肯先开口。

伊哭道:"我要杀你。"

他也不喜欢说话,只说了四个字。

阿飞又沉默了很久,才淡淡道:"今天我却不愿杀人,你走吧。"

伊哭道:"今天我也不想杀人,只想杀你。"

阿飞道:"哦?"

伊哭道:"你不该和林仙儿一起来的。"

阿飞目中突然射出了刀一般锐利的光,道:"你若再叫她的名字,我只得杀你了。"

伊哭狞笑道:"为什么?"

阿飞道:"因为你不配。"

伊哭咯咯地笑了起来,道:"我不但要叫她的名字,还要跟她睡觉,你又能怎样!"

阿飞的脸突然燃烧了起来。

他原是个很冷静的人,从来也没有如此愤怒过。

他的手已因愤怒而发抖。

一只发抖的手是拿不稳剑的,但他却已忘了,怒火已烧光了他的理智,他狂怒之下,剑已划出。

青魔手也已挥出!

只听"叮"的一声,剑已折断。

伊哭狂笑道:"这样的武功,也配和我动手,林仙儿还说你武功不错。"

狂笑声中,青魔手已攻出了十余招。

这件兵器的确有它不可思议的威力,它看来很笨重,其实却很灵巧,使出的招式更是怪异绝伦。

阿飞几乎已连招架都无法招架了,他手上已只剩下四寸长的一截断剑,只能以变化迅速的步法勉强闪避。

伊哭狞笑道:"你若肯老老实实地回答我两句话,我就饶了你。"

阿飞咬着牙,鼻子上已沁出了汗珠。

伊哭道:"我问你,林仙儿是不是常常陪人睡觉的,她和你睡过觉没有?"

阿飞狂吼一声，手中利剑又刺出。

又是"叮"的一声，连这半截利剑都已被青魔手震得飞了出去，他的人也已被震得跌倒。

伊哭的青魔手已雷电般击下，阿飞连站起来的机会都没有，只有在地上打滚，避开几招，已显得不支。

青魔手的力道实在太大，大得可怕。

伊哭狞笑道："说呀，说出我问你的话，我就饶你不死。"

阿飞道："好，我说！"

伊哭的大笑声刚发出，出手稍慢，突有剑光一闪。

伊哭平生从未见过如此快的剑光。等他看到这剑光时，剑已刺入了他的咽喉，他喉咙里咯咯作响，面上充满了惊惧和怀疑不信之色。

他临死还不知道这一剑是哪里来的。

他死也不相信这少年能刺得出如此快的一剑！

阿飞用两根手指挟着方才被震断的半截剑尖，将剑尖一寸寸地自伊哭的咽喉里拔出来。

伊哭面上每一根肌肉都起了痉挛。

阿飞的目光如寒冰，瞪着他一字字道："谁侮辱她，谁就得死。"

伊哭的喉咙还在"咯咯"地响，连眉毛和眼睛都扭曲起来，因为他想笑，这笑容却太可怕。

他想笑，还想告诉阿飞："你迟早也要死在她手上的。"

只可惜他这句话永远都说不出来了。

林仙儿一醒,就看到窗纸有个人影,在窗外走来走去,她知道这人一定是阿飞,虽想进来,却不敢吵醒她。

若是伊哭就不会在窗外了。

林仙儿看着窗上的人影,心里觉得很愉快。

伊哭虽然是一个很奇特的男人,而且很有名,这种男人对她来说,自然也很新奇,很够刺激。

但阿飞却无疑更有趣得多。

她愉快地躺在床上,让阿飞在窗外又等了很久,才轻唤道:"外面是小飞吗?"

"小飞",这名字是多么亲切。

阿飞的人影停在窗口,道:"是我。"

林仙儿道:"你为何不进来?"

阿飞轻轻一推,门就开了,皱眉道:"你没有闩门?"

林仙儿咬着嘴唇笑了笑,道:"我忘了……我什么都忘了。"

阿飞忽然赶到床前,盯着她的脸,她的脸有些发青,也有些发肿,阿飞的脸色也变了,急急道:"你……你出了事?"

林仙儿嫣然道:"我若没有睡好,脸就会肿的……昨天晚上我一直翻来覆去地睡不着……"

她的脸似又红了,"嘤咛"一声,用被盖住了头,娇笑道:"你为什么这样盯着人家看?我就是睡不着嘛,你……你……你又想到什么地方去了?"

阿飞又痴了,他的心已溶化。

林仙儿道:"你呢?你睡得好么?"

阿飞道:"我也没有睡好,有条疯狗一直在我窗子外乱叫。"

林仙儿眨了眨眼睛,道:"疯狗?"

阿飞道:"嘿,我已宰了它,将它抛在河里了。"

突听外面传入了一阵叮叮当当的敲打声,阿飞将窗子支开一些,就看到店伙正在院子里敲着水壶,大声道:"各位客官们,你们可想知道江湖中最轰动的消息,武林中最近发生的大事么?那么就请到饭厅,由南边来的孙老先生准午时开讲,保证既新鲜又紧张,各位还可以一边吃着饭喝着酒。"

阿飞放下窗子,摇了摇头。

林仙儿道:"你不想去听?"

阿飞道:"不想。"

林仙儿眼珠子一转,嫣然道:"我倒想去听听,何况,我们总是要吃饭的。"

阿飞笑了笑,道:"看来这伙计拉生意的法子倒真用对了。"

林仙儿掀开棉被,想坐起来,突又"嘤咛"一声,缩了回去,红着脸,咬着嘴唇,垂头道:"你坏死了……还不快把衣服拿给我。"

阿飞的脸也红了,一颗心"怦怦"地跳个不停。

林仙儿吃吃笑道:"转过去,可不准偷看。"

阿飞面对着墙壁,心似已将跳出腔子。

饭厅里已快坐满了，江湖中的事永远充满了刺激，无论谁都想听听的，每个人心里多少总有些积郁。

听着这些江湖豪杰、武林奇侠的故事，不知不觉就会将自己和故事中的人物融为一体，心头的积郁也就在不知不觉中发泄了。

靠窗的桌子上，坐着个穿着蓝布长衫的老者，白发苍苍，正闭着眼睛在那里抽着旱烟。

他身旁边有个很年轻的大姑娘，梳着两条大辫子，一双大眼睛又黑又亮，眼波一转，就仿佛可以勾去男人的魂魄。

阿飞和林仙儿一走进来，每个人的眼睛都发了直，这位辫子姑娘的大眼睛正不停地在他们身上转。

林仙儿也在盯着这大姑娘，忽然抿嘴一笑，悄悄道："你看她那双眼睛，我倒真得小心点，莫让她把你勾了去。"

他们刚要了几样菜和两张饼，那蓝衫老人就咳嗽了几声，将旱烟袋在桌子上一敲，道："红儿，时候到了么？"

辫子姑娘道："是时候了。"

老人这才张开眼来，他的人虽然又老又干，但一双眼睛却很年轻，目光一转，每个人都觉得他眼睛正在瞪着自己。

林仙儿悄悄笑道："看来这位孙老先生倒不像是跑江湖、骗饭吃的混混。"

她说话的声音虽很轻，但这孙先生似乎还是听到了，目光在她脸上一扫，嘴角仿佛露出一丝笑意。

那辫子姑娘已捧了碗茶过来,老人掀起茶碗盖子,吹着碗里的茶叶,啜了几口茶,忽然道:"梅花盗无恶不作,探花郎仗义疏财。"

他目光又一扫,道:"各位可知道我说的这两人是谁么?"

辫子姑娘自然知道他并不是真的在问人家,只不过要找个人将话头接下去而已,当下将两条大辫子甩了甩,摇头道:"这两人是谁呀?好像没有听说过。"

孙老先生笑了笑道:"那你就真是孤陋寡闻了,提起这两人,当真是大大有名,'梅花盗'数十年只出现过两次,但两河绿林道中,千百条好汉所做的案子,加起来也没有他一个人多。"

辫子姑娘吐了吐舌头,憨笑着道:"好厉害……但那位探花郎又是谁呢?"

孙老先生道:"此人乃是位世家公子,历代缨鼎,可说是显赫已极,三代中就中过七次进士,只可惜没中过状元,到了李探花这一代,膝下的两位少爷更是天资绝顶,才气纵横,他老人家将希望全都寄托在这两位公子身上,只望他们能中个状元,来弥补自己的缺陷……"

辫子姑娘笑道:"探花就已经不错了,为何一定要中状元呢?"

孙老先生道:"谁知大李公子一考,又是个探花。父子两人都郁郁不欢,只望小李公子能争气。谁知命不由人,这位小李公子虽然惊才绝艳,但一考之下,也是个探花。老探花失望之下,没过两年就去世了。接着,大李探花也得了不治之症。这位小李探花心灰意冷,索性辞去了官职,在家里疏财结客,他的慷慨与豪爽,就算孟尝复生,信陵再世,只怕也比不上他。"

他一口气说到这里,又啜了几口茶。

阿飞早已听得血脉偾张,兴奋已极,有人在夸赞李寻欢,他听了真比夸奖自己还要高兴。

只听孙老先生接着又道:"这位探花郎不但才高八斗,而且还是位文武全才,幼年就经异人传授了他一身惊世骇俗的绝顶功夫。"

辫子姑娘道:"爷爷今天要说的,就是他们两人的故事么?"

孙老先生道:"不错。"

辫子姑娘拍手笑道:"那一定好听极了,只不过……只不过堂堂的探花郎,又怎会和声名狼藉的梅花盗牵涉到一起了呢?"

孙老先生道:"这其中自有道理。"

辫子姑娘道:"什么道理?"

孙老先生道:"只因梅花盗就是探花郎,探花郎就是梅花盗。"

阿飞只觉一阵怒气上涌,忍不住就要发作,辫子姑娘却已摇头道:"这位李探花既然不惜散尽万金家财,想必是个视金钱如粪土的人,又怎会忽然变成了打家劫舍、贪财好色的梅花盗?我不信。"

孙老先生道:"莫说你不信,我也不信,所以特地去打听了很久。"

辫子姑娘笑道:"若论打听消息,谁也没有你老人家拿手,其中的详情,你老人家想必一定打听出来了。"

孙老先生也笑了笑,道:"自然打听出来了,这其中的详情,实在是曲折复杂、诡谲离奇,而且紧张刺激、精彩绝伦……"

说到这里他忽然停住,又闭上眼睛打起瞌睡来。

辫子姑娘似乎很着急,连连道:"你老人家怎么不说了呀?"

孙老先生抽了口旱烟,又将烟慢慢地从鼻孔里喷出来。

辫子姑娘撇嘴,道:"刚说到好听的地方,就不说了,岂非是吊人的胃口。"

她忽然一拍巴掌,笑道:"我明白了,你老人家原来是想喝酒。"

这下子不但她明白了,别人也都明白了,纷纷笑着掏腰包,摸银子,那店伙早已拿着个盘子在旁边等着收钱了。

孙老先生这才打了哈欠,接着说下去道:"事情开始,是发生在兴云庄。"

辫子姑娘道:"兴云庄?那莫不是龙啸云龙四爷住的地方么?听说那里气象恢宏,宅第连云,庭园林木之胜,更冠于两河,是个好地方。"

孙老先生道:"不错,但这好地方却本是李寻欢送给他的,只因这两人乃是生死八拜之交,而且龙夫人还是李探花的姑表至亲……"

这祖孙两人一搭一档，居然将前些天在兴云庄发生的事情说得八九不离十。说到李寻欢如何误伤龙小云，如何中伏被擒，大家都不禁扼腕叹息；说到林仙儿如何半夜被劫，少年阿飞的剑如何快，如何出手救了她时，孙老先生一双炯炯有光的眼睛，也不知是有意，还是无意的，竟一直望着阿飞和林仙儿，辫子姑娘的一双大眼睛，也不住往他们这边瞟。

阿飞面上虽不动声色，心里却在暗暗思疑："他莫非早已知道我们是谁？这故事莫非就是说给我们听的？"

只听辫子姑娘道："如此说来，梅花盗莫非已死在那位……'飞剑客'手上么？"

孙老先生道："但赵大爷、田七爷却认为他杀的不是梅花盗，李寻欢才是真的梅花盗。"

辫子姑娘道："那么究竟谁才是真的梅花盗呢？"

孙老先生叹道："谁也没有见过真的梅花盗，谁也不知道哪个是真，哪个是假。但赵大爷、田大爷身份不同，一言九鼎，他们老说李寻欢是梅花盗，那别人也只好说李寻欢是梅花盗了，于是心眉大师就要将他押回少林寺。"

他又抽了口烟，徐徐接着道："谁知到少林寺时，却变成是李探花将心眉大师送回去的了。"

这句话说出来，连林仙儿都吃了一惊，阿飞更是大感意外，两人都猜不出路上发生了什么事！

幸好辫子姑娘已替他们问了出来。

孙老先生道："原来押送他的心眉大师、田七和四位少林弟子都在半路上遭了苗疆极乐峒主的毒手，心眉大师中毒后才释放了李寻欢，李寻欢见他中毒已深，只有少林寺中还可能有解药，是以就将他护送回去。"

辫子姑娘一挑大拇指，赞道："这位李探花可真是位大英雄、大豪杰，若是换了别人，在这种情况下早已不顾而去了，怎肯救他？"

孙老先生道："话虽不错，只可惜少林僧人们非但不感激他，还要杀他。"

辫子姑娘讶然道："为什么？"

孙老先生笑道："因为这些话都是李探花自己说出来的，少林僧人们对他说的话，连一个字都不相信。"

辫子姑娘道："可是……可是那心眉大师总该为他证实才是。"

孙老先生长笑道："只可惜心眉大师一回到少林后，就已圆寂了，除了心眉大师外，世上再也没有第二个人知道这件事的真相。"

说到这里，四座都不禁发出了叹息之声。

阿飞的胸膛更似已将爆裂，忍不住问道："那位李探花莫非已遭了少林寺的毒手？"

孙老先生瞟了他一眼，目中似有笑意，缓缓道："少林寺虽然领袖武林，门下弟子更无一不是绝顶高手，但若想杀死李探花，却亦非易事。"

辫子姑娘也瞟了阿飞一眼，道："但双拳难对四手，好汉架不住人多，李探花就算天下无敌，又怎能挡得住少林寺的八百弟子？"

孙老先生道："少林寺纵有八百弟子，无数好手，却又有谁敢抢先出手？又有谁敢去接小李探花的第一刀？"

辫子姑娘听得眉飞色舞，拍手道："不错，小李神刀，例不虚发，少林寺纵有八百弟子，也一定伤不了他的，他现在只怕早已走了。"

孙老先生道："他也没有走。"

辫子姑娘似乎愣了愣，道："为什么？"

孙老先生笑道："少林弟子虽然无法伤他，但他也无法杀出少林弟子的包围，此刻是非未明，真相未白，他也不能走。"

辫子姑娘道："他既不能走，也不能打，那怎么办呢？"

孙老先生道："他身在八百弟子的包围之中，飞刀若一出手，就必死无疑，只因少林弟子怕的就是他手中之刀，而他的飞刀再强，却也杀不尽八百弟子。"

辫子姑娘道："但这样耗下去也不行呀！一个人总有支持不住的时候。"

这也正是阿飞心里焦虑之处，他自己若是置身在李寻欢同样的情况中，实不知该如何是好。

只听孙老先生道："当时他们说话之处就在心眉大师圆寂的禅房外，双方说僵了，李探花就乘机冲入了那禅房中。"

辫子姑娘失声道："这么一来，他岂非自己将自己困死了？"

孙老先生道："少林弟子正因为未想到他不向外面冲，反而自入绝路，所以才会被他冲入禅房去，后悔已来不及了。"

辫子姑娘道:"后悔?李寻欢既已自入绝路,他们为何还要后悔?"

孙老先生接道:"禅房中不但有心眉大师的遗蜕,还有一部少林寺内珍藏的经典,他们投鼠忌器,更不敢冲进去动手了。"

辫子姑娘道:"但他们老在外面将这禅房围住,用不了几天,小李探花岂非就要被饿死,渴死了!"

孙老先生道:"少林弟子想必也是打这个主意,怎奈他们的五师叔心树还留在那禅房,而且又被李探花制住,他们难道能将他们的五师叔也一起饿死么?"

辫子姑娘道:"当然不能。"

孙老先生道:"所以他们只有将食物和水送进去,心树饿不死,李探花自然也饿不死了。"

辫子姑娘拍手笑道:"少林寺号称武林圣地,数百年来,谁也不敢妄越雷池一步,但李探花单枪匹马一个人,就将少林寺闹得人仰马翻,少林八百弟子非但拿他无可奈何,还得每天请他吃喝,还生怕送去的东西不中他的意……"

她吃吃笑道:"这位李探花可真是位了不起的人物,这故事真好听极了。"

听到这里,阿飞已是热血沸腾,不能自主,只恨不得能跳起来告诉别人:"李寻欢是我的朋友、好朋友……"

无论谁有了李寻欢这种朋友,都值得骄傲的。

但那孙老先生却又长长叹息了一声,道:"不错,李探花的确是位了不起的英雄豪杰,可惜这位大英雄迟早还是免不了要埋骨少林寺的。"

辫子姑娘道:"为什么?"

孙老先生有意无意间又瞟了阿飞一眼,道:"除非有人能证明李寻欢不是梅花盗,能证明心眉大师的确是被五毒童子所害,否则少林弟子就绝不会放他走!"

辫子姑娘道:"有谁能为他证明呢?"

孙老先生默然半晌,长叹道:"普天之下,只怕连一个人都没有!"

第二十二章

梅花又现

午饭的时候已过,故事也说完了,人已渐渐散去,走的时候,大家都在纷纷议论,甚至在为李寻欢惋惜。

虽然离戌时还早,但天色已渐渐阴暗下来,饭堂中只剩下两桌人——孙老先生还在那里啜着酒,抽着旱烟,他的孙女在一旁低着头吃面,她吃面的法子很有趣,先将面条卷在筷子上,再送进嘴里。

林仙儿含情脉脉地凝视着阿飞,阿飞却在沉思,他们桌上的饭菜都几乎没有动过,上面已结了一层白白的油,就像是冰。

也不知过了多久,那辫子姑娘突然放下筷子,道:"爷爷,你老人家看那李探花是不是被冤枉的?"

孙老先生吁出口气,道:"我就算知道他是冤枉的,又有什么用?"

辫子姑娘道:"但他的朋友呢?难道也没有一个人肯去救他?"

孙老先生叹息了一声,道:"他若被困在别的地方,也许还有人会去救他,但他被困在少林寺,天下只怕没有一个人能救得了他……"

辫子姑娘道:"那么……那么这样一位大英雄,难道就要被活活困死不成?"

孙老先生沉默了很久,缓缓道:"法子倒是有一个,只不过希望很渺茫而已。"

听了这句话,阿飞的眼睛突然亮了。

辫子姑娘已问道:"什么法子?"

孙老先生的目光又往阿飞那边一扫,缓缓道:"除非那真的梅花盗还没有死,又忽然出现了,自然就可证明李寻欢并不是梅花盗,他若非梅花盗,自然也就没有害死心眉大师的理由了。"

辫子姑娘叹了口气道:"这希望实在渺茫得很,那真的梅花盗就算没有死,也一定早就躲起来了,好教李寻欢做他的替死鬼。"

孙老先生忽然将旱烟袋在桌上一敲,道:"你的面吃光了么?"

辫子姑娘道:"我本来饿得很,可是听了这件事,再也吃不下了。"

孙老先生道:"吃不下就走吧,反正我们就算在这里坐一辈子,也救不了李探花的。"

辫子姑娘走到门口,忽又回头瞟了阿飞一眼,嘴里似乎在说:"你若一直坐在这里,又怎能救得了他?"

林仙儿目送着他们走出了门,才冷笑一声,道:"你看这一老一少两个人是什么来路?"

阿飞漫应道:"什么来路?"

林仙儿道:"这老头子目中神光充足,显然内功不弱,那小姑娘脚步轻灵,动作灵快,轻功也绝不会在我之下。"

阿飞道:"哦!"

林仙儿道:"依我看,这两人绝不会是走江湖说书的,必定另有图谋。"

阿飞道:"什么图谋?"

林仙儿道:"他故意将这件事说给你听,说不定就是要你去送死。"

阿飞道:"送死?"

林仙儿叹息了一声,幽幽道:"你既知道李寻欢被困在少林,自然就会不顾一切赶去救他,但你一个人去怎会是少林寺八百弟子的对手?"

阿飞沉默着,没有开口。

林仙儿道:"何况,他们说的也许全都是假话,为的就是要你去上当。"

她握住了阿飞的手,柔声道:"就算他们说的不假,李寻欢现在也不会有什么危险,你若去了,反而会令他分心,少林弟子若是以你来要挟他,他也一定会不顾一切出来救你的,那么你非但不是去救他,反而是去害他了。"

阿飞沉默了很久,长叹道:"不错,你考虑得的确比我周到。"

林仙儿道:"你答应我绝不去少林寺冒险?"

阿飞道:"好!"

他居然答应得如此痛快,林仙儿反而有些怀疑了。

两人默默地走回屋子,大家都是心事重重,林仙儿刚倒了杯茶,想去送给他,突听阿飞道:"我既然不去少林寺了,你还是回去吧。"

林仙儿道:"你呢?"

阿飞道:"我……我想到别处去走走。"

林仙儿的手忽然一颤,将一杯茶全洒在身上,失声道:"你莫非想去假冒梅花盗?"

阿飞抬起头,凝视着她,良久良久,才长长叹息了一声道:"是。"

林仙儿咬着嘴唇道:"你已打定了主意?"

阿飞道:"是!"

这两个"是"字说得截钉断铁,绝无挽回的余地。

林仙儿幽幽道:"那么……你为什么还要叫我回去?"

阿飞道:"这是我自己的事。"

林仙儿垂下头道:"你的事,就是我的事。"

阿飞道:"但李寻欢并不是你的朋友。"

林仙儿道:"你的朋友,就是我的朋友。"

阿飞面上露出了感激之色,却说不出话来。

林仙儿道:"你对朋友既然如此够义气,我为什么就不能呢?我虽然没有什么用,可是,两个人在一起,遇到事至少总可以商量商量,总比一个人好。"

阿飞忽然握住她的手,虽然还是说不出话来,但他的眼睛,他的表情,已替他说出来了。

这无声的言语，比有声的更动人得多。

林仙儿嫣然一笑，忽又皱眉道："你若要假冒梅花盗，就得先找几个对象下手才是。"

阿飞道："嗯。"

林仙儿道："我们总不能去找无辜的人，是吗？"

阿飞道："我要找的对象，自然是那些为富不仁的恶霸、坐地分赃的强盗。"

林仙儿眼珠子一转，道："我听说，附近就有这么样的一个人。"

阿飞道："谁？"

林仙儿道："此人早年是个绿林巨盗，五十岁以后才金盆洗手，但暗中还是做些不清不白的事。"

阿飞道："你可知道他的名字？"

林仙儿想了想道："听说他本来是叫张胜奇，现在却叫张员外，张大善人了。"

阿飞皱眉道："大善人？"

林仙儿笑了笑，道："他抢了十万两银子，就用一百两去修桥铺路，晚上杀了一百个人，白天却来施粥赠药……一个强盗若是想做善人，比任何人都容易多了。"

张胜奇躺在贵妃榻上，若有所思地望着面前一盆熊熊的炉火，慢慢地啜着一碗用文火炖成的燕窝粥。

外面又下雪了，屋子里却温暖如春，屋角的一盆水仙花开得正好，一只胖胖的小花猫正躺在花架下打瞌睡。

张胜奇伸了个懒腰，喃喃道："今年春天来得好早……"

今天他曾经冒着风雪走了几里路,去替一个被骡子踢伤的佃户看病,现在他虽然觉得很疲倦,心情却好得很,刚做过好事的人心情总不会坏的,何况,就在他去为人看病的时候,他的三姨太又替他养了个胖宝宝。

瑞雪兆丰年,明年的收成也一定不错。

张胜奇拿起小丫头捧过来的水烟袋,"咕噜咕噜"吸了几口,水烟的滋味也不错,他心里满意极了。

他闭起眼睛,刚想小睡片刻,养养精神,突听那小丫头一声惊呼,"当"地,燕窝碗摔得粉碎。

他大惊之下,张开眼睛,一个黑衣人已幽灵般忽然出现在他眼前,谁也不知道他是从哪里来的。

张胜奇虽洗手多年,武功却没有搁下,厉声道:"好个不开眼的小贼,竟敢来太岁头上动土!"

喝声中,他已抄起花架,向这黑衣人当头摔下。

但就在这时,突见寒光一闪。

张胜奇根本没有看出对方是如何出手的,甚至没有看清对方手里拿着的兵刃是何模样。

他只觉心口突然一凉,已多了五点血花。

梅花盗又出现了。

茶馆里,酒楼上,很多人都在窃窃私议。

难道杀死张胜奇的才是真的梅花盗?

他下一个对象会是谁?

有财有势的人,晚上又睡不着觉了。

黄昏，古刹中传出了一声清悦悠扬的钟声，严肃而冷淡的少林僧人，一个个垂首走入了庄严的佛殿。

他们的脚步似乎比平时还要轻，只因这些天以来，少林寺中每个人的心情都分外沉重。

但梵唱之声还是和往昔一样，近山的人家，听得这钟声梵唱，就知道少林弟子晚课的时候又到了。

嵩山之险，寒意更重，满山冰雪中，正有一个人急行上山，正是少林门下的俗家弟子"南阳大侠"萧静。

他和驻守后山的同门师兄弟们匆匆说了几句话，就径入后院，方丈室内静寂无声，只有一缕香烟淡淡地自窗户中飘出来，袅娜四散。

萧静的脚步也很轻，落地无声，但他刚踏入后院，方丈室内就响起了心湖大师沉重的语声，道："什么人？"

萧静在门外远远停下，躬身道："弟子萧静，特来有要事禀报。"

方丈室中只有三个人，心湖、心鉴和百晓生。

他们的脸色都很难看，显见得心情很不好。

萧静不敢多说废话，一走进去，立刻躬身道："江湖上传说梅花盗又出现了！"

心鉴、百晓生同时变色道："梅花盗？"

萧静道："三天之前，久已洗手归隐的独行盗张胜奇忽然被杀，家里的珍宝也被洗劫一空，致命的伤痕是五点血迹，状如梅花。"

心鉴、百晓生对望一眼，脸上已全无血色。

心湖大师沉默着，就仿佛大雄宝殿中的佛像，但他那只捏着佛珠的手,似乎已有些颤抖。

也不知过了多久,他才长叹了一声,道:"梅花盗既然又再出现,李寻欢说的那番话也许就不是假的,也许是我们冤枉了他。"

百晓生望着心鉴,没有开口。

心鉴缓缓踱到窗口,望着窗外的积雪,缓缓道:"也许这反而更证明了李寻欢就是梅花盗!"

心湖大师道:"此话怎讲?"

心鉴道:"我若是梅花盗,知道已有人做了我的替死鬼,一定会暂时避避风头,否则岂非反而等于救了李寻欢?"

百晓生这才点头道:"不错,梅花盗此番出现,无疑是在为李寻欢洗刷冤名,我若是梅花盗,也万万不会做这事的。"

心湖大师沉吟着,缓缓道:"那么,你们的意见是——"

心鉴道:"杀张胜奇的人,一定是李寻欢的同党,他假冒梅花盗之名出手,为的就是要帮李寻欢脱罪。"

百晓生道:"李寻欢若真的不是梅花盗,他的同党也就不必这么做了。"

心湖大师也站了起来,在方丈室中踱了几个圈子,忽然驻足道:"今日在菩提院当值的是谁?"

心鉴道:"是二师兄座下的一茵和一尘。"

心湖大师道:"传他们进来。"

他负手站在墙角,望着铜炉中升起的香烟,似已出神，听到一茵和一尘走进来的脚步声，他也没有回头，只是问道："五师叔的晚膳你们已送去了么？"

一茵道："送去了，可是……可是……"

心湖大师道："可是怎样？"

一茵垂首："弟子们按照前两天的规矩，还是将膳食放在门口，分量也和昨天的一样，比平时膳食加了一倍，还有一盆清水。"

一尘接着道："食盘是弟子亲自放到门口的，因为弟子想趁机看看屋子里的动静，谁知弟子刚走到门口，就听得李寻欢叫我快走，弟子也不敢停留，走出几步后，就瞧见李寻欢的手自门缝里伸出来，将食盘取去，谁知……谁知过了半晌，他又将一盘膳食全都抛了出来。"

心湖大师道："为什么？"

一尘讷讷道："他嫌菜不好，又没有酒，所以不肯吃。"

心湖大师霍然回过头，满面俱是怒容，厉声道："他当这是什么地方？饭馆吗？"

一茵和一尘剃度已有十余年，还从来没有见到他们的掌门人动过真怒，两人齐低下了头，不敢抬起。

过了很久，心湖大师的脸色才渐渐平息，又转过头去，望着炉香沉默了很久，缓缓道："他说要吃什么？"

一茵道："他……他……他居然写了张菜单，自里面抛出来，叫弟子们照着菜单子做，还说只要做错一样，他就原封退回。"

他脸色也说不出有多尴尬，显见他当时听了李寻欢这番话,看到那张菜单时,必定哭笑不得。

心湖大师道:"将他的菜单拿来瞧瞧。"

只见一张素笺上,写着好一笔"灵飞经",写的是:

> 红焖冬笋,
> 汉罗斋,
> 发菜花菇,
> 翡翠菜心,
> 笋尖冬菇豆腐羹。

四菜一汤之外,他居然还要三斤上好的竹叶青,堂堂的少林寺,好像真被他当成京城的素菜馆子了。

无论谁看了这张菜单都免不了要哭笑不得,勃然大怒,谁知心湖大师却只是淡淡地道:"你们就照这张单子做给他吧。"

心鉴抢先一步,嗄声道:"师兄你……你怎能……"

心湖大师挥手打断了他的话,黯然道:"李寻欢若不肯吃,五师弟岂非也要陪着他挨饿,他身子一向单薄,近年来更是一直缠绵病榻,我们岂能让他再受折磨?"

心鉴垂下了头,道:"可是……可是我们这样做,那李寻欢岂非更得意了么?"

心湖大师目光闪动,一字字道:"我心中已有了打算,就让他多得意两天又有何妨?"

阿飞仰卧在床上,以手为枕呆呆地望着屋顶。

几乎已有两个时辰,他就这样躺着,就这样瞧着,动也没有动,他整个人似乎都已变成了一块石头。

"不动",也是特别的本事,那一定要有超人的忍耐力,也许有很多人能不停地动两个时辰,但在两个时辰中能完全不动的人,世上只怕还没有几个,在荒野中这种本事尤其有用,也曾经不止一次救过阿飞的命。

荒野中生活的艰苦,的确不是生活在红尘中的人所能想象的,他有时接连几天都找不到食物,也找不到水。

他只有等待,只有忍耐,只有"不动"。

因为"不动"可以节省体力,有了体力才有食物,他才能活下去,和大自然的奋斗是永无休止的。

有几次甚至连最机警狡猾的野兔都认为他只不过是块石头,那时他已饿得连跳跃的力气都没有了,若不是这只野兔自己投入了他掌握中,他只怕已饿死。连狐狸都捕捉不到的时候,野兔居然会自投罗网,这在荒野中简直是神话,若有人能说给野兔听,连它们自己都不会相信。

还有一次接连半个月的暴风雪,那时他还只有十岁,又饿了两天,却在这时候遇到了一头熊。

他已全无抵抗之力,幸好熊是不吃死人的,他就躺下来装死,谁知他遇见的却是头老奸巨猾的熊,而且也快饿疯了,竟一直不走,还不住用鼻子去嗅,用脚爪去抓,甚至用牙齿去咬。

他居然全都忍耐下来了,居然一直没有动。

第二天他找到一只已冻僵了的野狗,饱餐一顿后恢复了体力,于是他就去找这头熊报仇。

当天晚上他就享受了一顿熊掌,虽然因为他不会烹调,熊掌的滋味并不如传说中那么好。

这种忍耐力并不是天生的,那得经长久的艰苦锻炼。

开始时还不到片刻工夫,他就觉得全身都痒了起来,忍住不去搔痒,以后就渐渐变得麻木。

现在他却连麻木的感觉都没有了,只要他认为没有"动"的必要,他就可以接连几个时辰不动。

林仙儿回来的时候,还以为他已睡着了。

今天林仙儿的装束很奇怪,她穿的是件宽大的粗布衣服,将她身材柔和的曲线全都掩没。

她头上戴着顶破旧的毡笠,遮盖了面目。

阿飞忽然坐起来的时候,她真吓了一跳,扑入阿飞怀里,拍着心口笑道:"原来你是在装睡,难道故意想吓我?"

看着她的娇嗔甜笑,阿飞忍不住轻轻搂住了她,她的眼帘阖起,仰起了脸,但阿飞却又松了手。

林仙儿理了理鬓发,咬着唇道:"你讨厌我?"

阿飞摇了摇头。

林仙儿幽幽道:"那么……这两天你为什么总是躲着我?"

阿飞避开她的目光,低下头,道:"我……我只是怕自己控制不住。"

林仙儿温柔地望着他,突然过去亲了亲他的脸,柔声道:"你真好。"

阿飞站起来,将她脱下来的毡笠挂到墙上,等自己的呼吸慢慢地平息了,他才回过头问道:"有消息了吗?"

林仙儿叹了口气,摇了摇头。

阿飞道:"那些和尚还不肯放他?"

林仙儿沉吟着,道:"少林寺的作风一向最稳健,无论做什么事都要先观察很久,绝不肯轻举妄动,宁可不做,也不肯做错。"

阿飞道:"但他们已等了六七天了。"

林仙儿道:"也许他们还不肯相信杀张胜奇的人是梅花盗,因为梅花盗作案一向是连着来的,绝不会一次就罢手。"

阿飞沉默了很久,缓缓道:"他们总有相信的时候,我一定要他们相信。"

林仙儿又摘下那顶毡笠戴上,道:"你随我来,我带你去个地方。"

阿飞道:"去哪里?"

林仙儿道:"去找你的第二个对象。"

黄昏过后,雪已融化,正是街上最热闹的时候,他们的装束既已改变,所以走在人群中并不引人注意。

林仙儿忽然指着一家当铺道:"你看这招牌。"

这家当铺的规模很大,黑底金字的招牌上写着:"申记当铺"。

阿飞道:"这招牌又有什么特别之处?"

林仙儿并没有回答他的话,走过七八家店面后,又指着一家酒楼外悬着的招牌道:"你再看这招牌。"

这家酒楼的生意很好，在路上就可以听到里面的刀勺声，两层楼的地方似已座无虚席，黑底金字招牌上写的是："申记状元楼"。

这次阿飞不再问了，因为他已发现对面一家绸缎庄的招牌，也是黑底金字，上面写的是："申记老瑞祥"。

城里较热闹的地区只有三条街，在这三条街上，每隔六七家店铺，就有一家挂的是"申记"金字招牌。

凡是挂着"申记"招牌的店铺，生意就做得特别大。

阿飞道："这些店全都是一个人开的？"

林仙儿道："嗯，全都是申老三开的。"

阿飞道："现在我们还要到哪里去？"

林仙儿道："你跟我来就知道了。"

阿飞本就不是喜欢多问的人，也不再问她，走着走着，已到了城郊，非但灯火寥落，连人声都听不到。

骤然从最热闹的地方走到最荒凉的地方，任何人都不免有种凄凉、萧索的感觉，但有时这也是种享受。

望着眼前的一片空旷，阿飞长长地呼吸了一次，心胸仿佛也开朗了起来，天地似已完全属于他。

林仙儿静静地依偎在他身旁，也没有打扰这份幽趣。

忽然间，夜空中亮起了一道流星。

林仙儿开心地笑了，欢呼道："你看，流星。"

阿飞沉默了半晌，才缓缓道："你许了愿么？"

林仙儿嘟起嘴道："流星总是一眨眼就过了，没有人能来得及许愿的，除非他早已知道会有流星出现，但又有谁能知道流星会在什么时候出现？我看这全是骗人的。"

阿飞道："就算是骗人的，但它却能使人生出许多美丽的幻想，永远带着它，一个人若能永远带着份美丽的希望，总是件好事。"

他的声音忽然变得很温柔。

林仙儿嫣然道："我想不到你也知道这传说。"

阿飞目光遥望着远方，远方的流星早已消逝，他目中却流露出一抹凄凉悲伤之意，悠悠道："这传说我很小的时候就知道了。"

林仙儿含情脉脉地瞧着他的眼睛，柔声道："你又想起了你的母亲？是不是她告诉你的？"

阿飞没有说话，忽然大步向前走了出去。

晚风中隐隐传来一阵更鼓，已是初更。

乌云卷起，露出了半轮明月。

阿飞忽然发觉前面有一片很大的庄院，走近反而瞧不见了，只因这庄院的墙很高，高得出乎寻常，隔断了他的视线。

林仙儿也在仰望着墙头，喃喃道："好高的墙，不知道有没有四丈。"

阿飞道："差不多了。"

林仙儿道："你能不能掠过去？"

阿飞道："世上没有人能掠过四丈高墙，但若一定要进去，还是有法子的。"

林仙儿沉吟着，沿着墙脚走了几步，才回头道："这就是申老三的家。"

阿飞目光闪动，道："申老三就是我第二个下手的对象？"

林仙儿道："附近几百里之内，绝没有其他更好的对象了。"

阿飞道："但他却是个生意人。"

林仙儿道："我知道你不愿向生意人下手，但生意人也有好多种。"

阿飞道："他是哪一种？"

林仙儿道："最不规矩的那一种。"

她笑了笑，接着道："你想，规矩的生意人怎会在同一个城里，同条街上开十几家铺子？规矩的生意人家里怎会起这么高的墙？"

阿飞道："墙起得高些并没有错，铺子开得多些也不犯法。"

林仙儿道："墙起得高是做贼心虚，怕人报复，铺子开得多是因为他会抢。"

阿飞皱眉道："抢？"

林仙儿道："申家是大族，上一代已有五房，到了这一代，堂兄堂弟一共有十六个之多，十六个兄弟开了四十多家店铺。"

阿飞道："算来每人只有三家铺子，并不多。"

林仙儿道："但现在四十多家铺子全是申老三的了。"

阿飞道："为什么？"

第二十三章

误入罗网

林仙儿和阿飞在晚风中来到一片很大的庄院前,指着那座高得出奇的围墙道:"这就是申老三的家,他们堂兄弟十六个合开了四十多家店铺,现在全是申老三的了,因为他的十五个兄弟已全都进了棺材。"

阿飞道:"那十五个人是怎么死的?"

林仙儿道:"据说是病死的,但究竟是怎么死的,谁也不知道。别人只奇怪平日身体很好的十五个人,怎会在两三年之中就死得干干净净,就像是中了瘟疫似的,而申老三却连一点小毛病都没有。"

阿飞仰起了头,似乎在计算墙的高度。

他什么话都不说了,只淡淡说了句:"我明天晚上就来找他。"

阿飞手足并用,壁虎般爬上了高墙。

但他用的却不是"壁虎游墙"的功夫,他甚至没听过这种功夫,他只是用钢铁般的手抓在墙上,脚一蹬,身子就灵巧地翻了上去。与其说他像只壁虎,倒不如说他像只在山壁上攀越的猿猴。

爬上墙头，就可以看到一片很大的园林和一层层房屋，这时人们多已熄灯就寝，偌大的庄院中只剩下寥寥几点灯火。

林仙儿是个很能干的女人，也是个很好的帮手，她已买通了申家一个仆人，为她画了张很详细的图，哪里是大厅，哪里是下房，哪里是申老三的寝室，这张图上都画得非常详细清楚。

所以阿飞并没有费什么事就找到了申老三。

申老三还没有睡，屋子里还亮着灯，这精明的生意人头发已花白，此刻犹在灯下拨着算盘，清算一天的账目。

他算盘打得并不快，因为他的手指很短，食指、中指、无名指，几乎都和小指差不多长。

但他的手指却很粗，每个指头都像是被人削断了似的，连指甲都没有，这养尊处优的浊世公子，怎会有这么一双挖煤工人般粗糙的手？

原来申老三小时候顽劣不堪，曾经被他父亲赶出去过，在外面混了五年，谁也不知道他混的是什么。

有人说这五年他跟大盗翻天虎做了五年不花钱的买卖；有人说他做了五年叫花子；也有人说他这五年入了少林寺，从挑水做起，虽吃了不少苦，却练成了一身武功。所以后来他兄弟死的时候，虽也有不少人暗暗觉得怀疑，却没有一个人敢说出来。

这些传说他当然全都否认，但却有件事是否认不了的，那就是他的手，明眼人一看就知道他这双手必定练过铁砂掌一类的外门掌力,而且已练得有相当火候,否则他的堂房大哥也就不会忽然呕血死了。

阿飞突然推开窗子,一掠而入。

他并没有用什么特殊的身法,只不过他身上每一环肌肉、每一条骨骼、每一根神经,甚至每一滴血,都是完全协调、完全配合的,当他的手在推窗子时,他的人已跃起,窗子一开,他已站在屋子里。

申老三并不是反应迟钝的人,但他刚发觉窗子响动,阿飞已到了他面前,他从未想到一个人的行动能有这种速度,这久闯江湖、满手血腥的武林豪客竟也吓呆了,整个人都僵在椅子上。

阿飞的眼睛冷冷地盯住他,就好像在看着一个死人,一字字道:"你就是申老三?"

申老三不停地点头,仿佛除了点头外,他什么事都不会做了,他的一身武功,此刻也似已消失得无影无踪。

阿飞道:"你可知道我是来干什么的?"

申老三还是只有不停地点头。

阿飞道:"你还有什么话说?"

这次申老三不再点头,却在摇头了。

在这生死俄顷之际,他竟连一点挣扎求生的意思都没有,非但没有反抗,也完全没有逃避。

阿飞的剑已拔出,在这刹那之间,阿飞心里突然有种不祥的警兆,这本是野兽独具的本能,就宛如一只兔子突然发觉有恶狼在暗中窥伺,虽然他并没有听到任何声音,更没有看到那只狼的影子。

阿飞不敢再犹疑,一剑刺出!

剑光如流星般刺向申老三胸膛,只听"叮"的一声,火星四溅,这一剑竟如刺在钢铁之上。

原来申老三胸前藏着块钢板,也就难怪他刺不穿了。

一剑刺出,申老三的人立刻滚到桌下,阿飞的身子却已凌空掠起,他已知遇险,但求速退。

但他毕竟还是迟了一步。

就在这时,屋顶上已有一张网撒下,这是张和整个屋子同样大小的网,只要是在这屋里的人,无论谁都无法逃避。

阿飞身子刚掠起,已被网住。

他挥剑、削网,但网却是浸过桐油的九股粗绳结成的,他的剑再快,也只能削断一根、两根……他还是无法脱网而出。

"噗"的一声,他已被网结纠缠,跌在地上。

奇怪的是,这时他的心情既非愤怒,也非惊慌,只是感觉到一种深沉的悲哀,因为他已忽然了解到一只猛兽被猎人的网捕捉时的心情。

而野兽却永远无法了解猎人为何要张网。

阿飞不再挣扎。

他知道挣扎已无用。

这时已有两条人影飞鸟般落在网上,两人手中各拿着根很长的白蜡竿子,长竿急点,阿飞已被点了八九处穴道。

这两人一个是灰袍、芒鞋、白袜的瘦长僧人，面色蜡黄，终年都带着病容，但目中却燃烧着火焰般的光芒。

另一人枯瘦矮小，隆鼻如鹰，行动也如鹰隼，两人出手都快如闪电，正是少林寺的心鉴大师和平江百晓生。

申老三已不在桌子下了，桌下显然另有地道。

这一切，根本就是个陷阱。

百晓生满面都是得意之色，笑道："我早就算准你要到这里来的，你服气了么？"

阿飞没有说话。

虽然他穴道被点后还是可以出声，但他什么话都没有说，也没有问："你们怎会算准我要到这里来？"

他眼睛空空洞洞的，像是已全无思想。

他是已不能想，还是不愿想，不忍想？

百晓生悠然道："我知道你是李寻欢的朋友，只为了要救李寻欢，才冒充梅花盗……"

阿飞厉声道："我就是梅花盗，用不着冒充，我也不认得李寻欢！"

百晓生道："哦——心鉴师兄，他说他就是梅花盗，你可相信？"

心鉴道："不信。"

阿飞冷笑道："你怎知我不是梅花盗？你怎能证明？"

百晓生微笑道："这倒的确很难证明……心鉴师兄，你可记得轰天雷是死在谁手上的么？"

心鉴道："梅花盗。"

百晓生道:"他是怎么死的?"

心鉴道:"他尸身上虽也有梅花标志,但致命伤却在'玄机'穴上。"

百晓生道:"如此说来,梅花盗想必也是点穴的高手了。"

心鉴道:"正是。"

百晓生笑了笑,转向阿飞,道:"只要你能说出我们方才点了你哪几处穴道,我们就承认你是梅花盗,而且立刻放了李寻欢,这样做你满意么?"

阿飞咬紧了牙齿,已咬出血来。

百晓生叹了口气,道:"你真不愧是李寻欢的好朋友,为了他,不惜牺牲自己,却不知他对你又如何?只要肯为你走出那间屋子,也就算不错了。"

杯中有酒。

李寻欢一杯在手。

角落上坐着个很纤秀、很文弱的僧人,虽然已过中年,但看上去并不显得很苍老。看来带着很浓的书卷气,就像是位中年便已退隐林下的翰苑清流,谁也想不到他就是少林寺中最内敛的心树大师。

他虽已做了李寻欢的人质,但神情间并未显得很愤怒,反而显得很沉痛,一直静静地坐在那里,没有说话。

心眉大师的遗蜕仍留在禅床上,也不知是谁已为他覆上了一床白被单,隔断了十丈软红、人间烦恼。

李寻欢忽然向心树举了举杯,微笑着道:"想不到少林寺居然也有这样的好酒,喝一杯如何?"

心树摇了摇头。

李寻欢道:"我在令师兄的遗蜕旁喝酒,你是否觉得我有些不敬?"

心树淡淡道:"酒质最纯,更纯于水,是以祭祀祖先天地时都以酒为醴,无论在任何地方喝酒,都绝无丝毫不敬之处。"

李寻欢抚掌道:"说得好,难怪一入翰苑,便简在帝心。"

心树大师平静的面色竟变了变,像是被人触及了隐痛。

李寻欢又满斟一杯,一饮而尽,笑道:"我在此饮酒,正表示了我对令师兄的尊敬,令师兄若也是走犬之辈,无论他是死是活,我都不会在他身旁喝酒的。"

心树大师沉重地叹息了一声,神情显得更哀痛,却也不知是为了死者,还是为了他自己。

李寻欢凝注着杯中琥珀色的酒,突然长长叹息了一声,徐徐道:"老实说,我实未想到这次救我的是你。"

心树冷冷道:"我并未救你。"

李寻欢道:"十四年前,我弃官归隐,虽说是为了厌倦功名,但若非为了你那一道奏章弹劾,说我身在官府,结交匪类,我也许还下不了那决心。"

心树闭上了眼睛,黯然道:"昔日弹劾你的胡云翼早已死了,你何必再提他。"

李寻欢喟然道:"不错,一入佛门,便如两世为人,但我自始至终都未埋怨过,你那时身为御史,自然要尽言官之责……"

心树大师的神情似乎有些激动,沉声道:"你弃官之后不久,我也隐身佛门,为的就是自觉'言多必失',却不想毕竟还是遇着你……"

李寻欢笑了笑,道:"我更未想到昔日潇洒风流的铁胆御史,今日竟变作了修为精纯的得道高僧,而且会在我生死间不容发时,救了我一命。"

心树霍然张开眼睛,厉声道:"我早已说过,我并未救你,而是我自己功力不够,才会被你所劫持,你万万不可对我稍存感激之心。"

李寻欢道:"但若非你在屋中对我示意,我也未必会闯入这里,若非你全无抵抗之意,我更无法将你留在这里。"

心树嘴角牵动,却未说出话来。

李寻欢微笑道:"出家人戒打诳语,何况,这里又只有你我两人。"

心树沉默了很久,忽然道:"纵然我对你有相助之意,为的也并非昔日之情。"

李寻欢似乎并未觉得惊奇,神情却变得很严肃,正色道:"那么你为的是什么?"

心树几番欲言又止,似有很大的难言之隐。

李寻欢也并没有催促他,只是慢慢地将杯中酒喝完。

就在这时,突听窗外一人喝道:"李寻欢,你推开窗子来瞧瞧。"

这是心鉴大师的声音。

李寻欢的人突然间已到了窗口，从窗隙间向外望了一眼——

他的脸色立刻变了！

他再也想不到阿飞竟会落在对方手里。

百晓生负手而立，满面俱是得意之色，悠然道："李探花，你总该认得他吧，他为了保住你，不惜背负'梅花盗'之恶名，你对他又如何？"

心鉴厉声道："你若想保全他的性命，最好立刻缚手就擒。"

李寻欢磐石一般坚定的手，竟也有些颤抖起来，他看不到阿飞的脸，因为阿飞整个人都伏在地上，似已受了重伤。

心鉴忽然掀起阿飞的头来，让阿飞的脸面对着窗子，大声道："李寻欢，我给你两个时辰，日落前你若还不将我师兄好好送出来，就再也见不着你的好友了。"

百晓生悠然道："李探花，此人对你不错，你也莫要亏负了他。"

李寻欢伏在窗子上，似也麻木。

他看到阿飞被他们像狗一样拖了出去，他也看到阿飞脸上的伤痕，他知道阿飞已受了许多苦。

但这倔强的少年却绝未发出半声呻吟。

他只是向窗子这边瞧了一眼，目光中竟是说不出的平静，像是在告诉李寻欢，他对"死"并无畏惧。

李寻欢霍然站起，连尽三杯，长叹道："好朋友，好朋友……我明白你的意思，你不愿我去救你。"

心树一直在凝视着他，此刻忽然道："但你的意思呢？"

李寻欢又干了三杯，负手而立，微笑道："我已准备缚手就擒，你随时都可绑我出去。"

心树道："你可知道你一出去便必死无疑！"

李寻欢道："我知道。"

心树目光闪动，沉声道："你可知道你纵然死了，他们也未必会放了你的朋友。"

李寻欢道："我知道。"

心树道："但你还是要出去？"

李寻欢道："我还是要出去。"他回答得简短而坚定，似乎全无考虑的余地。

心树道："你如此做岂非太迂？"

李寻欢肃然一笑，道："每个人这一生中都难免要做几件愚蠢之事的，若是人人都只做聪明事，人生岂非就会变得更无趣了？"

心树像是在仔细咀嚼他这几句话中的滋味，徐徐道："大丈夫有所不为，有所必为。你纵然明知非死不可，还是要这么做，只因你非做不可！"

李寻欢微笑道："你总算也是我的知己。"

心树喃喃道："义气当先，生死不计，李寻欢果然不愧是李寻欢——"

李寻欢没有看他，猝然回首道："我先出去，就此别过。"

心树忽然道："且慢！"

他像是已下了很大的决心,目光凝视着李寻欢,道:"方才我还有句话没有说完。"

李寻欢道:"哦?"

心树道:"我方才说过,我救你别有原因。"

李寻欢道:"嗯。"

心树神情凝重,缓缓道:"这是我少林本门的秘密,而且关系重大,我不愿向你提起。"

李寻欢回转身,等着他说下去。

心树的声音更缓慢,道:"少林藏经之丰,冠绝天下,其中非但有不少佛门重典,也有许多武林中的不传之秘。"

李寻欢道:"这我也知道。"

心树道:"百年以来,江湖中也不知有多少人妄生贪念,要到少林寺来盗取藏经,但却从来未有一人能如愿以偿,全身而退的。"

他肃然接道:"出家人虽戒嗔戒杀,但藏经乃少林之根本,是以无论什么人敢生此念,少林门下都不惜与之周旋到底。"

李寻欢道:"近来我倒很少听到有人敢打这主意了。"

心树叹了口气,道:"你是外人,自然不知内情,其实这两年来,本寺藏经已有七次被窃,除了一部《耐平心经》外,其余都是久已绝传的武林秘籍。"

李寻欢也不禁耸然失色,道:"盗经的人是谁?"

心树大师叹道:"最奇怪的就是这七次失窃事件,事先既无警兆，事后毫无线索可寻，都是在神不知鬼不觉的情形下失窃，第一二次发生之后，藏经阁的戒备自然更森严，但失窃的事仍是接二连三发生，本来掌藏经阁的三师兄，也因此引咎退位，面壁思过。"

李寻欢道："如此重大的事，江湖中怎地全无风闻？"

心树道："就因为此事关系重大，所以掌门师兄再三嘱咐严守秘密，到现在为止，知道此事的连你也只不过九个人而已。"

李寻欢道："除了你们首座七位外，还有谁知道此事？"

心树道："百晓生。"

李寻欢叹了口气，苦笑道："他参与的事倒当真不少。"

心树道："三师兄是我师兄中最谨慎持重的人，他退位之后，藏经阁便由我与二师兄负责，至今只不过才半个月而已。"

李寻欢皱眉道："心眉大师既然负有重责，这次为何竟离寺而出？"

心树叹道："只因二师兄总怀疑失经之事与'梅花盗'有关，是以才抢着要去一查究竟，谁知他一去竟成永诀。"

说到这里，他面对着心眉遗蜕，似已泫然欲涕。

李寻欢不禁暗暗叹息，出家人虽然"四大皆空"，这"情"字一关，毕竟还是勘不破的。

我佛如来若非有情，又何必普度众生，若有人真能勘破这"情"字一关，他也就不是人了。

心树默然良久，才接着道："二师兄自己老成持重，离寺之前，已将最重要的三部藏经取出，分别藏在三个隐秘之处，除了掌门师兄和我之外，总没有第三个人知道。"

李寻欢道："其中有一部是否就在这屋子里？"

心树点了点头，道："不错。"

李寻欢苦笑道："这就难怪他们出手有如此多的顾忌了。"

心树道："就因为这几次失窃事件太过离奇，所以二师兄和我在私下猜测，也认为可能是出自内贼。"

李寻欢动容道："内贼？"

心树沉重地叹息了一声，道："我们虽有此怀疑，但却不敢说出来，因为除了我们首座七个人外，别的弟子谁也不能随意出入藏经阁。"

李寻欢目光闪动，道："如此说来，偷经的人极可能是你们七位师兄弟其中之一。"

心树沉默了很久，才长叹道："我们七人同门至少已有十年之久，无论怀疑谁都大有不该，是以我们对这件事的处理，更不能不力求慎重，只不过……"

李寻欢忍不住问道："只不过怎样？"

心树道："只不过二师兄离寺之前，曾经悄悄对我说，他已发现我们七人中有一人很可疑，极有可能就是那偷经的人。"

李寻欢立刻追问道:"他说的是谁?"

心树摇了摇头,叹道:"只可惜他并没有说出来,因为他生怕错怪了人,他只望盗经的人真是'梅花盗',他不愿看到师门蒙羞……"

说到这里,他声音已有些哽咽,几乎难以继续。

李寻欢皱眉道:"心眉大师的这番苦心,我也懂得,只不过……现在他在冥冥中眼见着那人逍遥法外,再想说也已不能说了,他岂非要抱憾终天、含恨九泉?"

心树道:"二师兄并没有想到这点,临走的时候,他也曾对我说,他此去万一有什么不测,就要我将他的《读经札记》拿出来一看,他已将他所怀疑的那个人之姓名写在札记的最后一页上。"

李寻欢攒眉道:"那本札记现在哪里?"

心树缓缓道:"本来是和藏经在一起的,现在已在我这里……"

他取出本淡黄的绢册,李寻欢立刻接过来,翻到最后一页,上面写的都是佛门要旨,并没有一句话提到失经的事。

李寻欢抬头望着心树,道:"这最后一页莫非已被人撕下了?"

心树沉声道:"非但最后一页被人撕下了,那本藏经也变作了白纸!"

李寻欢道:"如此说来,盗经的那人想必已发现心眉大师怀疑到他了。"

心树道:"不错。"

李寻欢道:"但知道他藏经之处的,却只有你和掌门心湖大师。"

心树的面色如铅,沉重地点着头道:"不错。"

李寻欢面上也不禁变了颜色,道:"难道你认为心湖大师就是……"

心树默然半响,道:"这倒不一定,因为那人既已发觉二师兄对他有所怀疑,自然也会对二师兄的行动分外留意,可能因此而在暗中窥得二师兄的藏秘之处,只不过……"

李寻欢道:"怎样?"

心树目光凝视李寻欢,一字字道:"只不过二师兄回来时并没有死,原本就不至于死的!"

这句话说出来,李寻欢才真的为之悚然失色。

只见心树大师双拳紧握,接着道:"我虽然对下毒并没有什么很深的研究,但近年来对此中典籍倒也颇有涉猎。二师兄回来的时候,我已看出他中毒虽深,但却非无救,而且在短时间之内也绝不会有生命之危!"

李寻欢动容道:"你是说……"

心树道:"偷经的那人既知道秘密已被二师兄发现,自然要将之杀了灭口!"

李寻欢忽然觉得这屋子里闷得很,几乎令人透不过气来。

他缓缓踱了个圈子,才沉声问道:"心眉大师回来后,到过这屋子的有几个人?"

心树道:"大师兄、四师兄、六师弟和七师弟都曾进来过。"

李寻欢沉吟着道："你的意思是说，他们都有可能下手？"

心树点了点头，叹道："这是本门之不幸，我本不愿对你说的，但现在我已发觉你绝不是出卖朋友的人，所以我希望你……"

李寻欢道："你要我找出那凶手？"

心树道："是。"

李寻欢目光炯炯，盯着他的眼睛，一字字道："凶手若是心湖呢？"

心树突然怔住了，过了半晌，满头大汗涔涔而落。

李寻欢冷冷道："就算少林门下人人都已知道心湖是凶手，也绝无一人肯承认的，是么？"

心树没有说话，因为他无话可说，江湖中人素来将少林视为名门正宗，如今少林掌门若是杀人的凶手，少林寺数百年的声名和威望岂非要毁于一旦。

李寻欢道："就算我能证明心湖是凶手，只怕连你也不肯为我说话，为了保全你们少林的声名，你恐怕也只有牺牲别人了。"

心树长长叹了口气，道："不错，为了保全少林威望，我的确不惜牺牲一切。"

李寻欢淡淡一笑，道："那么你又何苦要我找？"

心树沉声道："我虽不愿做任何有损本门声名的事，但你只要能证明谁是杀死心眉师兄的凶手，我不惜与他同归于尽，也要他血溅阶下！"

李寻欢悠悠道："出家人怎可妄动嗔念，看来你这和尚六根还不清净。"

心树垂下眼帘，合十道："我佛如来也难免作狮子吼，何况和尚！"

李寻欢霍然而起，道："好，有了你这句话，我就放心了。"

心树动容道："莫非你已知道凶手是谁？"

李寻欢道："我虽不知道，却有人知道。"

心树皱眉道："凶手自己当然知道。"

李寻欢道："除了凶手自己之外，还有一个人知道，那人就在这屋子里。"

心树耸然道："谁？"

李寻欢指着禅床上心眉的遗蜕道："就是他！"

心树失望地叹息了一声，道："只可惜他已无法说话了。"

李寻欢笑了笑，道："死人有时也会说话的。"

他忽然掀起覆在心眉尸身上的白被单，日光斜斜自窗外照进来，照在心眉枯槁干瘪的脸上。

暗黄色的脸上，还带着层诡异的灰黑色。

李寻欢道："你可曾看过被五毒童子毒死的人？"

心树道："没有。"

第二十四章

逆徒授首

李寻欢叹了口气道:"被他毒死的人实在不好看。"

其实无论被谁毒死的人都不会好看的。

心树什么都没有说。

李寻欢闭起眼睛,缓缓道:"多年前,我曾经看到过一个被他毒死的人,那人中毒才不过片刻,全身已经发黑,我出去打个转,再回去一看,那人身上的肉已全都不见了,已变成了一副骷髅——漆黑的骷髅!"

心树凝视心眉的尸身,嗄声道:"但现在二师兄中毒已有好几天了……"

李寻欢霍然张开眼睛,道:"不错,他中毒已有数日,却还没有发生那种可怕的变化,你可知道是为了什么?"

心树摇了摇头。

李寻欢一字字道:"这只因他又中了另外一种极厉害的毒!"

心树道:"你……你是说……"

李寻欢道:"他虽中了五毒童子的'五毒水晶',但中的毒并不深，再被他以内力逼住，所以他直到回来后毒性还未发作。"

心树道："正是如此。"

李寻欢道："那凶手为怕他说出秘密，一心想他快些死，生怕他中的毒还不够深，就另给他服了一种极厉害的毒药。"

心树道："杀人的法子很多，他为什么还是要用毒？"

李寻欢道："只因无论用什么法子杀人，难免还会留下痕迹，大家既然都知道心眉大师中了毒，他只有再用下毒这法子，才能避免别人疑心。"

心树道："不错，这样做，人人都认定二师兄必是被五毒童子毒死的，再也不会怀疑到他身上了。"

李寻欢冷冷道："此人行事，虽然老谋深算，只可惜还是忘了一件事。"

心树道："什么事？"

李寻欢道："他忘了毒性必相克，就因为他下的毒既烈又重，克住了'五毒水晶'之毒，所以心眉大师的遗蜕到现在还未有那种可怕的变化！"

心树沉思了半晌，才点了点头，道："你的意思我明白了，只不过那下毒的人是谁，你我还是不知道。"

李寻欢目光闪动，道："心眉大师回来之后，可曾服用过什么？"

心树道："只吃过一碗药。"

李寻欢道："是谁喂他吃药的？"

心树道:"药是七师弟心鉴配的,但喂他吃药的人却是四师兄心烛和六师弟心灯。"

他长长叹了口气,黯然接着道:"所以这三个人都有下毒的机会。"

李寻欢缓缓道:"世上的毒药大致可分为两类,第一类毒药虽然无色无味,但却可令中毒的人死得很惨,叫别人看了害怕,只因这类毒不但要取人性命,还有要向人示威之意。"

心树道:"那'五毒水晶'自然是属于这一类的毒药了。"

李寻欢道:"正是。"

他接着道:"第二类毒,也许并非无色无味,但却可令被毒死的人死后全无异状,甚至叫别人看不出他是被毒死的。"

心树道:"你说那凶手用的就是这种毒?"

李寻欢点了点头,叹道:"就因为两种毒性迥异,是以才会互相克制,那第一类毒虽可怕,这第二类毒却更阴毒,江湖中能用这类毒的人并不多。"

他目光炯炯,盯着心树,道:"少林门下,善于用毒的人有几个?"

心树深深吸了口气,道:"这……"

李寻欢道:"少林寺领袖江湖,武林正宗,少林弟子也以此为荣,绝不会有人肯去学这种下五门的技艺,是么?"

心树断然道:"少林七十二绝艺中,绝没有这'毒'

字！"

李寻欢道："心烛大师和心灯大师……"

心树抢着道："四师兄九岁时便已落发，六师弟更在襁褓中便已入了佛门，他两人这一生中只怕还未见过毒药！"

李寻欢淡淡一笑，道："如此说来，下毒的人是谁呢？"

心树悚然道："你难道说的是七师弟心鉴？"

李寻欢不再说话。

心鉴大师乃是半路出家，带艺投师的，未入少林前，人称"七巧书生"，正是位下毒的大行家！

心树沉默了许久，缓缓抬起头，凝视着李寻欢。

李寻欢也正在凝视着他……

小亭中摆着一局棋。

百晓生正轻轻地敲着棋子，一片片积雪灯花般随着他的敲棋声落下，又落在无边无际的积雪中。

"夜半待客客不至，闲敲棋子落灯花。"

这境界是多么悠闲，多么潇洒，但现在，天地间都似充满肃杀之意，每个人的脸色更重于天色。

心湖大师、心烛、心灯、心鉴，也都在这里。

阿飞蜷伏在小亭的圆柱下，连头都无力抬起。

心湖大师望着他，双眉一直未展，缓缓道："你看……李寻欢会不会出来？"

百晓生笑了笑，道："毫无疑问。"

心湖大师道："他这种人难道还会为了朋友而牺牲自己？"

百晓生微笑道："这就叫盗亦有道。"

心湖大师长长叹息了一声，道："但愿如此……"

他的声音忽然中断，就像是忽然被冻结在寒风里。

他已瞧见了心树。

心树已走入了这院子，却只有一个人。

心湖抢先迎了上去，道："你可安好？"

他不问别的，先问心树可安好，毕竟不愧为少林掌门。

心树合十道："多谢师兄关切，弟子侥幸逃过了这一劫。"

心鉴也赶了过来，厉声道："李寻欢呢？"

心树淡淡道："他取经去了。"

心鉴道："取经？取什么经？"

心树道："藏经阁内失窃的经。"

心鉴嘴角一阵牵动，冷笑道："盗经的人果然是他！师兄你怎地放心让他去？"

心树道："只因盗经的人并不是他！"

他目光逼视着心鉴，沉声道："盗经的人就是谋害二师兄的凶手，因为二师兄已发现了这人的秘密，他只有将二师兄杀死灭口，但这人却并非李寻欢！"

心鉴道："不是李寻欢是谁？"

心树目中寒光暴射，厉声道："是你！"

心鉴的嘴角又一阵牵动,脸色却沉了下来,冷冷道:"五师兄怎会说出这种话来,我倒真有些不懂了。"

心树冷冷道:"你不懂还有谁懂?"

心鉴转向心湖大师,躬身道:"这件事还是请大师兄裁夺,弟子无话可说。"

心烛、心灯、百晓生早已听得悚然动容。

心湖大师也不禁变色道:"二师弟明明是遭了李寻欢之毒手,你为何要为他洗脱?"

百晓生悠悠道:"若是在下记得不错,心树师兄与李寻欢好像还是同榜的进士。"

心鉴冷冷道:"五师兄只怕也中了李寻欢的毒了。"

心树根本不理他们,沉声道:"真正令二师兄致命的毒药,并非五毒童子的'五毒水晶'……"

心鉴抢着道:"师兄你又怎会知道的?"

心树冷笑道:"你以为你做的事真的人不知鬼不觉?你莫非已忘了二师兄临死前还有这本东西留下来?"

他的手一扬,手里拿着的正是心眉大师之《读经札记》。

心湖皱眉道:"这又是什么?"

心树道:"二师兄临行之前,已发现了那盗经的叛徒,只是他宅心仁厚,未经证实前,还不愿披露这叛徒的姓名,只不过却已将之写在他这本《读经札记》上,以防万一他若有不测,也好留作证据。"

心湖大师动容道:"真有此事?"

心鉴抢着道:"这上面若真有我的名字,我就甘愿……"

心树冷笑道："你甘愿怎样？……你虽已将最后一页撕下了，又怎知二师兄没有记在另一页上？"

心鉴身子一震，忽然伏倒在地，颤声道："五师兄竟勾结外人，令弟子身遭不白之冤，求大师兄明鉴。"

心湖大师沉吟着，目光向百晓生望了过去。

百晓生缓缓道："白纸上写的虽是黑字，但这字却是人人都可写的。"

心鉴道："不错，就算二师兄这本《读经札记》上写着我的名字，但却也未必是二师兄自己写的。"

百晓生淡淡道："据我所知，小李探花文武双全，韩苏颜柳、兰庭魏碑，名家的字，他都曾下过工夫临摹。"

心鉴道："不错，他若要学一个人的笔迹，自然容易得很。"

心湖大师沉下了脸，瞪着心树道："你平时素来谨慎，这次怎地也疏忽起来？"

心树神色不变，道："师兄若认为这证据不够，还有个证据。"

心湖大师道："你且说出来。"

心树道："本来藏在二师兄房中的那部《达摩易筋经》，也已失窃了。"

心湖大师动容道："哦？"

心树道："李探花算准这部经必定还不及送走，必定还藏在心鉴房里，是以弟子已令值日的一尘和一茵监视着他一起取经去了。"

心鉴忽然跳了起来，大呼道："师兄切莫听他的，他们是想栽赃！"

他嘴里狂呼着，人已冲了出去。

心湖大师皱了皱眉，袍袖一展，人也随之掠起，但却并没有阻止他，只是不疾不离地跟在他身后。

心鉴身形起落间，已掠回他自己的禅房。

门果然已开了。

心鉴冲了进去，一掌劈开了木柜，木柜竟有夹层。

《易筋经》果然就在那里。

心鉴厉声道："这部经本在二师兄房中，他们故意放在这里为的就是要栽赃，但这种栽赃的法子，几百年前已有人用过了，大师兄神目如电，怎会被你们这种肖小们所欺！"

直等他说完了，心湖才冷冷道："就算我们是栽赃，但你又怎知我们会将这部经放在这木柜里？你为何不到别处去找，一进来就直奔这木柜？"

心鉴骤然愣住了，满头汗出如雨。

心树长长吐出了口气，道："李探花早已算准只有用这法子，才可令他不打自招的。"

只听一人微笑道："但我这法子实在也用得很冒险，他自己若不上当，那就谁也无法令他招认了！"

笑声中，李寻欢已忽然出现。

心湖大师长长叹了口气，合十为礼。

李寻欢微微含笑，抱拳一揖。

这一揖一礼中已包含了许多话，别的已不必再说了。

心鉴一步步后退,但心烛与心灯已阻住了他的去路,两人俱是面色凝重,峙立如山岳。

心湖大师黯然道:"单鹗,少林待你不薄,你为何今日做出这种事来?"

单鹗正是心鉴的俗名,心湖如此唤他,无异已将之逐出门墙,不再承认他是少林佛门弟子。

单鹗汗如浆,颤声道:"弟子……弟子知错了。"

他忽然扑倒在地,道:"但弟子也是受了他人指使,被他人所诱,才会一时糊涂。"

心湖大师厉声道:"你受了谁的指使?"

百晓生忽然道:"指使他的人,我倒可猜出一二。"

心湖大师道:"先生指教。"

百晓生笑了笑,道:"就是他!"

大家不由自主,一起随着他的目光望了过去,但却什么也没有瞧见。窗外竹叶簌簌,风又渐渐大了。

回过头来时,心湖大师的面色已变。

百晓生的手,已按在他背后,铁指如钩,已扣住了他"秉风""天庭""附分""魄户"四处大穴!

心树的面色也变了,骇然道:"指使他的人原来是你!"

百晓生微笑道:"在下只不过想借贵寺的藏经一阅而已,谁知道各位竟如此小气?"

心湖大师长叹道:"我与你数十年相交,不想你竟如此待我?"

百晓生居然也叹了口气,道:"我本来也不想如此对你的,怎奈单鹗定要拖我下水,我若不出手救他,他怎会放过我?"

心湖大师道:"只可惜谁也救不了他了!"

单鹗早已跃起,一手抄起了那部《易筋经》,狞笑道:"不错,谁也救不了我,只有你才救得了我,现在我就要你送我们下山……你们若还要你们的掌门人活着,最好谁也莫要妄动!"

心树等人虽然气得全身发抖,但却谁也不敢出手。

心湖叱道:"你们若以少林为重,就莫要管我!还不动手拿下这叛徒!"

百晓生微笑道:"你无论怎么说,他们也不会拿你的性命来开玩笑的,少林派掌门人的一条命比别人一千条命还要值钱得多。"

"多"字出口,他脸上的笑容也冻结住了。

刀光一闪。

小李飞刀已出手。

刀已飞入他的咽喉。

没有人看到小李飞刀是如何出手的!

百晓生一直以心湖大师为盾牌,他的咽喉就在心湖的咽喉旁,他的咽喉仅仅露出了一小半。

他的咽喉随时可避在心湖的咽喉之后。

在这种情况下,没有人敢出手。

但刀光一闪,比闪电更快的一闪,小李的飞刀已在他咽喉!

心树、心烛、心灯,立刻抢过去护住了心湖。

百晓生的双眼怒凸,瞪着李寻欢,脸上的肌肉一根根抽动,充满了惊惧、怀疑和不信……

他似乎死也不相信李寻欢的飞刀会刺入他的咽喉。

他的嘴唇还在动,喉咙里咯咯作响,虽然说不出话来,可是看他的嘴唇在动已可看出他想说什么。

"我错了……我错了……"

不错,百晓生"无所不知,无所不晓",只有一件事弄错了。

小李飞刀比他想象中还要快得多!

百晓生倒了下去。

李寻欢叹了口气,喃喃道:"百晓生作兵器谱,口评天下兵器,可称武林智者,谁知到头来还是难免死在自己所品评的兵器之下。"

心湖大师再次合十为礼,满脸愧色,道:"老僧也错了。"

他面上忽又变色,失声道:"那叛徒呢?"

单鹗竟趁着方才那一瞬息的混乱逃了出去。

像单鹗这种人,是永远不会错过机会的,他不但反应快,身法也快,两个起落,已掠出院子。

少林门下还不知道这件事,纵然看到他,也绝不会拦阻,何况这是首座大师的居座,少林弟子根本不敢随意闯入。

他掠过那小亭时,阿飞正在挣扎着爬起来——百晓生和单鹗点穴的手法虽重,但也还是有失效的时候。

单鹗瞧见了他,目中立刻露出了凶光,他竟要将满心的怨毒全发泄在阿飞身上,身形一折,"嗖"地掠过去。

阿飞已被折磨得奄奄一息,哪有力气抵挡。

要杀这么样一个人,自然用不着费什么功夫。

单鹗什么话也没有说,铁拳已击出,"少林神拳"名震天下,单鹗投入少林已十余年,功夫并没有白练。

这一拳神充气足,招重力猛,要取人性命就如探囊取物——单鹗早已算准杀了他之后再逃也来得及。

谁知就在这时,阿飞的手也突然刺出。

他的手后发却先至。

单鹗只觉自己的咽喉骤然一阵冰凉,冰凉中带着刺痛,呼吸也骤然停顿,就仿佛被一只魔手扼住。

他面上的肌肉也扭曲起来,也充满了恐惧和不信……这少年出手之快,他早已知道的。

但这少年却又是用什么刺入他咽喉的呢?

这答案他永远也无法知道了。

单鹗也倒了下去。

阿飞倚着栏杆,正在喘息。

心湖他们赶来时,也觉得很惊讶,因为谁也想不到这少年在如此衰弱中,仍可置单鹗于死地。

单鹗的咽喉仍在冒着血。

一根冰柱,剑一般刺在他咽喉里。

冰已开始融化。

栏杆下还结有无数根冰柱,这少年竟只用一根冰柱,就取了号称少林七大高手之一心鉴的性命。

心湖大师望着他苍白失血的脸,也不知该说什么。

阿飞根本没有瞧他们一眼,只是凝视着李寻欢,然后他脸上就渐渐露出一丝微笑。

李寻欢也正在微笑。

心湖大师的声音很苦涩,合十道:"两位请到老僧……"

阿飞霍然扭过头,打断了他的话,道:"李寻欢是不是梅花盗?"

心湖大师垂首道:"不是。"

阿飞道:"我是不是梅花盗?"

心湖大师叹道:"檀越也不是。"

阿飞道:"既然不是,我们可以走了么?"

心湖大师勉强笑道:"自然可以,只不过檀越……檀越行动似还有些不便,不如先请到……"

阿飞又打断了他的话,冷冷道:"这不用你费心,莫说我还可以走,就算爬,也要爬下山去!"

心烛、心灯的头也垂了下去。数百年来,天下从无一人敢对少林掌门如此无礼,他们现在又何尝不觉得悲愤填膺。

但现在他们却只有忍耐。

阿飞已拉起李寻欢的手,大步走了出去。

一走入寒风中,他的胸膛立刻又挺起——这少年的身子就像是铁打的,无论多大的折磨都无法令他弯下腰去!

李寻欢回首一笑道:"今日就此别过,他日或当再见,大师请恕我等无礼。"

心树道:"我送你们一程。"

李寻欢微笑道:"送即不送,不送即送,大师何必客气?"

心树也笑道:"既然送即不送,送又何妨,檀越又何必客气?"

直到他们身形去远,心湖大师才长长叹了口气,他虽然并没有说什么,但这"不说",却比"说"更要难受。

心烛忽然道:"师兄也许不该让他们走的。"

心湖沉下了脸,道:"为何不该?"

心烛道:"李寻欢虽未盗经,也不是杀死二师兄的凶手,但这还是不能证明他并非梅花盗!"

心湖大师道:"你要怎样证明?"

心烛道:"除非他能将那真的梅花盗找出来。"

心湖大师又叹了口气,道:"我想他一定会找出来的,而且一定会送到这里,这都用不着我们关心,只有那六部经……"

盗经的人虽已找到,但以前的六部藏经都早已被送出去了,他们将这六部经送给了谁?

这件事幕后是否还另有主谋的人?

李寻欢不喜欢走路,尤其不喜欢在冰天雪地中走路,但现在却非走不可,寒风如刀,四下哪有车马?

阿飞却已走惯了,走路在别人是劳动,在他却是种休息，每走一段路，他精力就似乎恢复了一分。

他走得永远不太快，也不太慢，就像是在踩着一种无声的节奏，他身上每一根肌肉都已放松。

他们已将自己的遭遇全都说了出来，现在李寻欢正在沉思，他眺望着远方，缓缓道："你说你不是梅花盗，我也不是，那么梅花盗是谁呢？"

阿飞的目光也在远方，道："梅花盗已死了。"

李寻欢叹了口气，道："他真的死了？你杀死的那人真是梅花盗？"

阿飞沉默着，眸子里一片空白。

李寻欢忽然笑了笑，道："不知你有没有想到过，梅花盗也许不是男人。"

阿飞道："不是男人是什么？"

李寻欢笑道："不是男人，自然是女人。"

第二十五章

剑无情人却多情

阿飞听说梅花盗是女人,不由笑道:"女人不会强奸女人。"

李寻欢道:"这也许正是她在故布疑阵,让别人都想不到梅花盗是女人。"

阿飞道:"女人没法子强奸女人。"

李寻欢又笑了笑,道:"有法子的。"

他轻轻地咳嗽着,接着说道:"那若果真是女人,她可以用一个男人做傀儡,替她做这种事,到了必要的时候,再找机会将这男人除去。"

阿飞道:"你想得太多了。"

李寻欢叹了口气道:"也许我的确想得太多了,但想得多些,总比不想好。"

阿飞道:"也许……不想就是想。"

李寻欢失笑道:"说得好。"

阿飞道:"也许……好就是不好。"

李寻欢笑道:"想不到你也学会了和尚打机锋……"

阿飞忽然又道:"梅花盗三十年前已出现过,如今至少已该有五十岁以上了。"

李寻欢道："三十年前的梅花盗，也许并不是这次出现的梅花盗，他们也许是师徒，也许是父女。"

阿飞不再说话。

李寻欢也沉默了很久，才缓缓道："百晓生也绝不是盗经的主谋，因为他根本无法令心鉴为他冒险。"

阿飞道："哦？"

李寻欢道："心鉴未入少林前，已横行江湖，若是要钱财，当真是易如反掌，所以财帛利诱绝对打不动他。"

阿飞道："哦？"

李寻欢道："百晓生武功虽高，但入了少林寺就无用武之地了，所以心鉴也绝不可能是被他威胁的。"

阿飞道："也许他有把柄被百晓生捏在手上。"

李寻欢道："是什么把柄呢？"

他接着道："未入少林前，'单鹗'的所作所为已和'心鉴'无关了，因为出家人讲究的是'放下屠刀，立地成佛'，百晓生绝不可能以他出家前所做的事来威胁他，他既已入了少林，也不可能再做出什么事来了。"

阿飞道："何以见得？"

李寻欢道："因为他若想做坏事，就不必入少林了，少林寺清规之严，天下皆知，他绝不敢冒这个险，除非……"

阿飞道："除非怎样？"

李寻欢道："除非又有件事能打动他，能打动他的事，绝不是名，也不是利。"

阿飞道:"名利既不能打动他,还有什么能打动他?"

李寻欢叹了口气道:"能打动他这种人的,只有绝代之红颜、倾国之美色!"

阿飞道:"梅花盗?"

李寻欢道:"不错!只有梅花盗这种女人才能令他不惜做少林的叛徒,只有梅花盗这种女人才敢盗少林的藏经!"

阿飞道:"你又怎知梅花盗必定是个绝色美人?"

李寻欢又沉默了很久,才叹息着道:"也许我猜错了……但愿我猜错了!"

阿飞忽然停下脚步,凝视着李寻欢,道:"你是不是要重回兴云庄。"

李寻欢凄然一笑,道:"我实在也想不出还有什么别的地方可去。"

夜,漆黑的夜。

只有小楼上的一盏灯还在亮着。

李寻欢痴痴地望着这鬼火般的孤灯,也不知过了多久,忽然取出块丝巾,掩住嘴不停地咳嗽起来。

鲜血溅在丝巾上,宛如被寒风摧落在雪地上的残梅,李寻欢悄悄将丝巾藏入衣,笑着道:"我忽然不想进去了。"

阿飞似乎并未发觉他笑容中的辛酸,道:"你既已来了,为何不进去?"

李寻欢淡淡道:"我做的事有许多都没有原因的,连我自己都解释不出。"

阿飞的眸子在夜色中看来就像是刀。

他的话也像刀,道:"龙啸云如此对不起你,你不想找他?"

李寻欢却只是笑了笑,道:"他并没有对不起我……一个人为了自己的妻子和儿女,无论做出什么事来,都值得别人原谅的。"

阿飞瞪着他,良久,良久,慢慢地垂下头,黯然道:"你是个令人无法了解的人,却也是个令人无法忘记的朋友。"

李寻欢笑道:"你自然不会忘记我,因为我们以后还时常会见面的。"

阿飞道:"可是……可是现在……"

李寻欢道:"现在我知道你有件事要去做,你只管去吧。"

两人就这样面对面地站着,谁也没有再说话。

风吹过大地,风在呜咽。

远处传来零落的更鼓,遥遥得就像是眼泪滴落在枯叶上的声音。

两人还是面对面站着,明亮的眸子里已有了雾。

没有星光,没有月色,只有雾——

李寻欢忽又笑了笑,道:"起雾了,明天一定是好天气。"

阿飞道:"是。"

他只觉喉咙里像是被什么东西塞住,连声音都发不出。

他没有再说第二个字,就转身飞掠而去,只剩下李寻欢一个人,一个人动也不动地站在黑暗里。

他的人与生命都似已和黑暗融为一体。

阿飞掠过高墙,才发现"冷香小筑"那边也有灯火亮着,昏黄的窗纸上,映着一个人纤纤的身影。

阿飞的心似在收缩。

屋子的人对着孤灯,似在看书,又似在想着心事。

阿飞骤然推开了门——

他推开门,就瞧见了他旦夕不忘的人。他推开了门,就似已用尽了全身力气,木立在门口,再也移不动半步。

林仙儿霍然转身,吃了一惊,娇笑道:"原来是你。"

阿飞道:"是我。"

他发觉自己的声音似乎也很遥远,连他自己都听不清。

林仙儿拍着胸口,娇笑道:"你看你,差点把我的魂都吓飞了。"

阿飞道:"你以为我已死了,看到我才会吓一跳,是么?"

林仙儿眨着眼,道:"你在说什么呀?还不快进来,小心着凉。"

她拉着阿飞的手,将阿飞拉了进去。

她的手柔软、温暖、光滑,足可抚平任何人的创痛。

阿飞甩开了她的手。

林仙儿眼波流动,柔声道:"你在生气……是在生谁的气?告诉我,我替你出气。"

她依偎到阿飞怀里。

她的身子也是那么柔软而温暖,带着种淡淡的香气,可令任何男人都醉倒在她裙下。

阿飞反手一掌,将她掴了出去。

林仙儿踉跄后退,跌倒,愣住。

过了半晌,她眼泪慢慢流下,垂首道:"我是不是有什么地方得罪了你?你为何要这样对我?我对你有什么不好?你说出来,我被你打死也甘心。"

阿飞的手紧握,似已将自己的心捏碎。

他已发现林仙儿方才是在看书,看的是经书。

少林寺的藏经。

林仙儿流泪道:"那天你去了之后,我左等你不回来,右等你也不回来,你永远也不会知道我多为你担心,现在好容易等到你回来,你却变成这样子,我……我……"

阿飞静静地看着她,就像是从未见过这个人似的。

等她说完了,阿飞才冷冷道:"你怎么等我?你明知我一走入申老三的屋子,就是有去无回的了。"

林仙儿道:"你……你这是什么意思?"

阿飞道:"百晓生和单鹗将少林藏经交给你时,你就要他们在申老三的屋里布下陷阱,你不但要害我,还要害李寻欢。"

林仙儿咬着嘴唇,道:"你真的以为是我害你?"

阿飞道:"当然是你,除了你之外,没有人知道我会去找申老三。"

林仙儿以手掩面,痛哭着道:"但我为什么要害你?为什么?……"

阿飞道:"因为你就是梅花盗!"

林仙儿就像是忽然被抽了一鞭子,整个人都跳了起来,道:"我是梅花盗?你竟说我是梅花盗?"

阿飞道:"不错,你就是梅花盗!"

林仙儿道:"梅花盗已被你杀死了,你……"

阿飞打断她的话,道:"我杀死的那人,只不过是你用来故布疑阵,转移他人耳目的傀儡而已。"

他接着道:"你知道金丝甲已落入李寻欢手里,知道李寻欢绝不会上你的当,就发觉自己的处境已很危险了,所以那天晚上你就故意约好李寻欢到你那里去。"

林仙儿幽幽道:"那天晚上我的确约了李寻欢,只因那时我还不认得你。"

阿飞根本不听她的话,接着道:"你要那傀儡故意将你劫走,为的就是要李寻欢救你,要李寻欢将那傀儡杀死,等到世人都认为'梅花盗'已死了,你就可高枕无忧了,你不但要利用李寻欢,也利用了你那伙伴做替死鬼。"

林仙儿反而安静了下来,道:"你说下去。"

阿飞道:"但你却未算到李寻欢忽然有了意外,更未算到会有我这样一个人救了你……"

林仙儿道："你莫忘了，我也救过你。"

阿飞道："不错。"

林仙儿道："我若是梅花盗，为何要救你？"

阿飞道："只因那时事情又有了变化，你还要利用我，你就将我藏在这里，居然没有人来搜查，那时我已觉得疑心了。"

林仙儿道："你认为龙啸云他们也是和我同谋的人？"

阿飞道："他们自然不知道你的阴谋，只不过也受你利用而已，何况龙啸云早已对李寻欢嫉恨在心，他这么样做为的也是自己。"

林仙儿道："这些话都是李寻欢教你说的？"

阿飞道："你以为天下的男人都是呆子，都可被你玩弄，你心里畏惧的只有李寻欢一个人，所以千方百计地想除了他。"

他自己的声音也在颤抖，咬紧牙关，接着道："你不但心狠手辣，而且贪得无厌，连少林寺的藏书你都想要，连出家人你都不肯放过，你……你……"

林仙儿的眼泪竟又流了下来，缓缓道："我的确看错了你。"

阿飞的嘴唇已咬出血，一字字道："但我却未看错你……"

林仙儿道："我若说这部经不是百晓生和单鹗给我的你一定不会相信，是么？"

阿飞道:"你无论说什么,我都再也不会相信!"

林仙儿凄然一笑,道:"我总算明白了你的意思……我总算明白了你的……"

她一面说着话,一面向阿飞走了过去,她走得很慢,但步子却很坚定,像是已下了很大的决心。

风在呼啸,灯火飘摇。

闪动着的灯光映着她苍白绝美的脸,映着她秋水般的眼波。她痴痴地望着阿飞,良久良久,幽幽道:"我知道你是来杀我的,是不是?"

阿飞的拳紧握,嘴紧闭。

林仙儿忽然撕开了衣襟,露出白玉般的胸膛。

她指着自己的心,道:"你腰畔既然有剑,为什么还不出手……我只望你能往这里刺下去。"

阿飞的手已握住了剑柄。

林仙儿阖起眼帘,颤声道:"你快动手吧,能死在你手上,我死也甘心。"

她胸膛起伏,似在轻轻颤抖。

她长长的睫毛覆盖着眼帘,悬挂着两粒晶莹的泪珠。

阿飞不敢看她,垂下眼望着自己的剑。

无情的剑,冷而锋利。

阿飞咬着牙,道:"你全都承认了?"

林仙儿眼帘抬起,凝视着他。

她眼中充满了凄凉,充满了幽怨,充满了爱,也充满了恨——世上绝没有任何事比她的眼色更能打动人的心。

她嘴角露出一丝凄凉的微笑,幽幽道:"你是我这一生中最爱的人,若连你都不相信我,我活在这世上还有什么意思……"

阿飞的手握得更紧,指节已发白,手背已露出青筋。

林仙儿还是在凝视着他,黯然道:"只要你认为我是梅花盗,只要你认为我真是那么恶毒的女人,你就杀了我吧,我……我绝不恨你。"

剑柄坚硬,冰冷。

阿飞的手却已开始发抖。

无情的剑。剑无情,但人呢?

人怎能无情?

灯灭了。

但林仙儿绝代的风姿,在黑暗中却更动人。

她没有说话,但在这绝望的黑暗中,她的呼吸声听来就宛如令人心碎的呻吟。

世上还有什么力量能比情爱的力量更大?

面对着这么样一个女人,面对着自己一生中最强烈的情感,面对着这无边无际的黑暗……

阿飞这一剑是不是还能刺得下去?

剑无情,人却多情。

写在第二十六章之前

《多情剑客无情剑》虽已结束了,但李寻欢、阿飞、林诗音、林仙儿,他们之间却仍有许多动人的故事,尤其是李寻欢,他的命运更令人关心。因为他那种伟大的人格,已永远活在人心里,所以我现在再写《铁胆大侠魂》[1],让关心他们的读者能完整地看到他们多姿多彩、可歌可泣的一生。

古 龙

---

1 最初出版时,第二十六章开始即为《铁胆大侠魂》。1978年后,古龙不再提《铁胆大侠魂》。——编者注

第二十六章

小店中的怪客

秋，木叶萧萧。

街上的尽头，有座巨大的宅院，看来也正和枝头的黄叶一样，已到了将近凋落的时候。

那两扇朱漆大门，几乎已有一年多未曾打开过了，门上的朱漆早已剥落，铜环也已生绿锈。

高墙内久已听不到人声，只有在秋初夏末，才偶然会传出秋虫低诉、鸟雀啾啁，却更衬出了这宅院的寂寞与萧索。

但这宅院也有过辉煌的时候，因为就在这里，已诞生过七位进士、三位探花，其中还有位惊才绝艳、盖世无双的武林名侠。

甚至就在两年前，宅院已换了主人时，这里还是发生过许多件轰动武林的大事，也已不知有多少叱咤风云的江湖高手葬身此处。

此后，这宅院就突然沉寂了下来，它两代主人忽然间就变得消息沉沉，不知所踪。

于是江湖间就有了种可怕的传说，都说这地方是座凶宅。

凡是到过这里的人,无论他是高僧,是奇士,还是倾国倾城的绝色,只要一走进这大门,他们这一生就不会有好结果。

现在,这里白天早已不再有笑语喧哗,晚上也早已不再有辉煌灯光,只有后园小楼上的一盏孤灯终夜不熄。

小楼上似乎有个人在日日夜夜地等待着,只不过谁也不知她究竟是在等待着什么。

后墙外,有条小小的弄堂,起风时这里尘土飞扬,下雨时这里泥泞没足,高墙挡住了日色,弄堂里几乎终年见不到阳光。

但无论多卑贱、多阴暗的地方,都有人在默默地活着。

这也许是因为他们根本没别处可去,也许是因为他们对人生已厌倦,宁愿躲在这种地方,被世人遗忘。

弄堂里有个鸡毛小店,前面卖些粗粝饮食,后面有三五间简陋的客房,店主人孙驼子是个残废的侏儒。

他虽然明知这弄堂里绝不会有什么高贵的主顾,但却宁愿在这里等着些卑贱的过客,进来以低微的代价换取食宿。

他宁愿在这里过他清苦卑贱的生活,也不愿走出去听人们的嘲笑,因为他已懂得无论多少财富,都无法换来心头的平静。

他当然是寂寞的。

有时他也会遥望那巨宅小楼上的孤灯，自嘲地默想："小楼上的人，纵然锦衣玉食，但她的日子也许比我过得还要痛苦寂寞！"

一年多前，有一日黄昏的时候，这小店里来了位与众不同的客人，其实他穿的也并不是什么很华贵的衣服，长得也并不特别。

他身材虽很高，面目虽也还算得英俊，但看来却很憔悴，终年都带着病容，而且还不时弯下腰咳嗽。

他实在是个很平凡的人。

但孙驼子第一眼看到他时，就觉得他有许多与众不同之处。

他对孙驼子的残废没有嘲笑，也没有注意，更没有装出特别怜悯同情的神色。

这种怜悯同情有时比嘲笑还要令人受不了。

他对于酒食既不挑剔，也不赞美。他根本就很少说话。

最奇怪的是，自从他第一次走进这小店，就没有走出去过。

第一次来的时候，他选了角落里的一张桌子坐下，要了一碟豆干、一碟牛肉、两个馒头和七壶酒。

七壶酒喝完了，他就叫孙驼子再加满，然后就到最后面的一间屋子里歇下，直到第二天黄昏时才走出来。

等他出来时，这七壶酒也已喝光了。

现在，已过了一年多，每一天晚上他还是坐在角落里那桌子上，还是要一碟豆干、一碟牛肉、两个馒头和七壶酒。

他一面咳嗽一面喝酒，等七壶酒喝完，他就带着另七壶酒回到最后面那间屋子里，一直到第二天黄昏才露面。

孙驼子也是个酒徒，对这人的酒量他实在佩服得五体投地，能喝十四壶酒而不醉的人，他一生中还未见到过。

有时他也忍不住想问问这人的姓名来历，却还是忍住了，因为他知道即使问了，也不会得到答案。

孙驼子并不是个多嘴的人。

只要客人不拖欠酒钱，他不愿意开口。

这么样过了好几个月，有一阵子天气特别寒冷，接连下了十几天雨，晚上孙驼子到后面去，发现那间屋子的门是开着的，这奇怪的客人已咳倒在地上，脸色红得可怕，简直红得像血。

孙驼子扶起了他，半夜三更去替他抓药、煎药，看顾了他三天，三天后他刚起床，就又开始要酒。

那时孙驼子才知道这人是在自己找死了，忍不住劝他："像你这样喝下去，任何人都活不长的。"

这人却只是淡淡地笑了笑，反问他："你以为我不喝酒就能活得很长么？"

孙驼子不说话了。

但自从那天之后，两人就似已变成了朋友。

没有客人的时候，他就会找孙驼子陪他喝酒，东扯西拉地闲聊着，孙驼子发现这人懂得可真不少。

他只有一件事不肯说，那就是他的姓名来历。

有一次孙驼子忍不住问他:"我们已是朋友,我该怎么称呼你呢?"

他迟疑了半晌,才笑着回答:"我是个酒鬼,不折不扣的酒鬼,你为什么不叫我酒鬼呢?"

于是孙驼子又发现这人必定有段极伤心的往事,所以连自己的姓名都不愿提起,情愿将一生埋葬在酒壶里。

除了喝酒外,他还有个奇怪的嗜好。

那就是雕刻。

他手里总是拿着把小刀在刻木头,但孙驼子却从不知道他在刻什么,因为他从未将手里刻着的雕像完成过。

这实在是个奇怪的客人,怪得可怕。

但有时孙驼子却希望他永远不要走。

这天早上,孙驼子起床时就发觉天气已愈来愈凉了,特别从箱子里找出件老棉袄穿上,才走到前面。

这天早上也和别的早上没什么两样,生意还是清淡得很,几个赶大车的走了后,孙驼子就搬了张竹凳坐到门口去磨豆腐。

他刚坐下就看到有两人骑着马从前面绕过来。

弄堂里骑马的人并不多,孙驼子也不禁多瞧了两眼。

只见这两人都穿着杏黄色的长衫,前面一人浓眉大眼,后面一人鹰鼻如钩,两人颌下都留着短髭,看来只有三十多岁。

这两人相貌并不出众,但身上穿的杏黄色长衫却极耀眼,两人都没有留意孙驼子,却不时仰起头向高墙内探望。

孙驼子继续磨他的豆腐。

他知道这两人绝不会是他的主顾。

只见两人走过弄堂,果然又绕到前面去了,可是没过多久,两人又从另一头绕了回来。

这次两人竟在小店前下了马。

孙驼子脾气虽古怪,毕竟是做生意的人,立刻停下手问道:"两位可要吃喝什么?"

浓眉大眼的黄衫人道:"咱们什么都不要,只想问你两句话。"

孙驼子又开始磨豆腐,他对说话并不感兴趣。

鹰鼻如钩的黄衫人忽然笑了笑,道:"咱们就要买你的话,一句话一钱银子如何?"

孙驼子的兴趣又来了,点头道:"好。"

他嘴里说着话,已伸出了一根手指头。

浓眉大眼的黄衫人失笑道:"这也算一句话么?你做生意的门槛倒真精。"

孙驼子道:"这当然算一句话。"

他伸出了两根指头。

鹰鼻人道:"你在这里已住了多久?"

孙驼子道:"二三十年了。"

鹰鼻人道:"你对面这座宅院是谁的?你知不知道?"

孙驼子道:"是李家的。"

鹰鼻人道:"后来的主人呢?"

孙驼子道:"姓龙,叫龙啸云。"

鹰鼻人道:"你见过他?"

孙驼子道:"没有。"

鹰鼻人道:"他的人呢?"

孙驼子道:"出门了。"

鹰鼻人道:"什么时候出门的?"

孙驼子道:"一年多以前。"

鹰鼻人道:"以后有没有回来过?"

孙驼子道:"没有。"

鹰鼻人道:"你既未见过他,怎会对他知道得如此详细?"

孙驼子道:"他们家的厨子常在这里买酒。"

鹰鼻人沉吟了半晌,道:"这两天有没有陌生人来问过你的话?"

孙驼子道:"没有……若是有,我只怕早已发财了。"

浓眉大眼的黄衫人笑道:"今天就让你发个小财吧。"

他抛了锭银子出来,两人再也不问别的,一起上马而去,在路上还是不住探首向高墙内窥望。

孙驼子看着手里的银子,喃喃道:"原来有时候赚钱也容易得很……"

他转过头,忽然发现那"酒鬼"不知何时已出来,正站在那里向黄衫人的去路凝视着,面上带着种深思的表情,也不知在想什么。

孙驼子笑了笑道："你今天倒早。"

那"酒鬼"也笑了笑，道："昨天晚上我喝得快，今天一早就断粮了。"

他低下头，咳嗽了一阵，忽然又问道："今天是什么日子了？"

孙驼子道："九月十四。"

那"酒鬼"苍白的脸上忽又起了一阵异样的红晕，目光茫然凝视着远方，沉默了许久，才慢慢地问道："明天就是九月十五了么？"

这句话实在问得很多余，孙驼子不禁笑道："过了十四，自然是十五。"

那"酒鬼"似乎想说什么，却又弯下腰去，不停地咳嗽起来，一面咳嗽，一面指着桌子的空酒壶。

孙驼子叹了口气，摇摇头道："若是人人都像你这样喝酒，卖酒的早就发财了。"

黄昏时，后园的小楼上就有了灯光。

那"酒鬼"早就坐在他的老地方开始喝酒了。

第二十七章

小店又来怪客

今天那"酒鬼"看来似乎有些异样,他的酒喝得特别慢,眼睛特别亮,手里没有刻木头,而且还特地将他桌上的蜡烛移到别的桌上。

他的眼睛一直在看着门,似乎是在等人的模样。

但戌时早已过了,小店里却连一个主顾也没有。

孙驼子长长伸了个懒腰,打着呵欠道:"今天看样子又没有客人上门了,还是趁早打烊吧,也好陪你喝两杯。"

那"酒鬼"却摇了摇头,道:"别着急,我算定了你今天的买卖必定特别好。"

孙驼子道:"你怎么知道?"

那"酒鬼"笑了笑,道:"我会算命。"

他果然会算命,而且灵得很,还不到半个时辰,小店里果然一下子就来了三四批客人。

第一批是两个人。

一个是满头白发苍苍,手里拿着旱烟的蓝衫老人。

还有一个想必是他的孙女儿,梳着两条又黑又亮的大辫子，一双水汪汪的大眼睛却比辫子还要黑，还要亮。

第二批也是两个人。

这两人都是满面虬髯，身高体壮，不但装束打扮一模一样，腰上挂的刀也一样，两人就像是一个模子里铸出来的。

第三批来的人最多，一共有四个。

这四人一个高大，一个矮小，一个紫面的年轻人肩上居然还扛着根长枪，还有个却是穿着绿衣裳、戴着金首饰的女子，走起路来一扭一扭的，看起来就像是个大姑娘，论年龄却是大姑娘的妈了。

孙驼子只怕她一不小心会把腰扭断。

最后来的只有一个人。

这人瘦得出奇，也高得出奇，一张比马脸还长的脸上，生着巴掌般大小的一块青记，看起来有点怕人。

他身上并没有佩刀、挂刀，但腰围上鼓起了一环，而且很触目，显然是带着条很粗很长的软兵刃。

小店里一共只有五张桌子，这四批人一来立刻就全坐满了，孙驼子忙得团团乱转，只希望明天的生意不要这么好。

只见这四批人都在喝着闷酒，说话的很少，就算说话，也是低音细语，仿佛生怕被别人听到。

孙驼子只觉得这些人每个都显得有些奇怪，这些人平日本来绝不会到他这种鸡毛小店里来的。

喝了几杯酒，那肩上扛着枪的紫面少年眼睛就盯在那大辫子姑娘身上了,辫子姑娘倒也大方得很,一点也不在乎。

紫面少年忽然笑道:"这位姑娘可是卖唱的吗?"

辫子姑娘摇了摇头,辫子高高地甩了起来,模样看来更娇。

紫面少年笑道:"就算不卖唱,总也会唱两句吧,只要唱得好,爷们重重有赏。"

辫子姑娘抿着嘴一笑,道:"我不会唱,只会说。"

紫面少年道:"说什么?"

辫子姑娘道:"说书,说故事。"

紫面少年笑道:"那更好了,却不知你会说什么书?后花园才子会佳人?宰相千金抛绣球?"

辫子姑娘又摇了摇头,道:"都不对,我说的是江湖中最轰动的消息,武林中最近发生的大事,保证又新鲜,又紧张。"

紫面少年拊掌笑道:"妙极妙极,这种事我想在座的诸君都喜欢听的,你快说吧。"

辫子姑娘道:"我不会说,我爷爷会说。"

紫面少年瞪了那老头子一眼,皱着眉道:"你会什么?"

辫子姑娘眼珠子一转,嫣然道:"我只会替爷爷帮腔。"

她眼睛这么一转,紫面少年的魂都飞了。

那绿衣妇人的脸早已板了起来,冷笑道:"要说就快说,飞什么媚眼?"

辫子姑娘也不生气，笑道："既然如此，爷爷你就说一段吧，也好赚几个酒钱。"

老头子眯着眼，喝了杯酒，又抽了口旱烟，才慢吞吞地说道："你可听说过李寻欢这个人？"

除了那紫面少年外，大家本还不大理会这祖孙两人，但一听到"李寻欢"这名字，每个人的耳朵都竖了起来。

辫子姑娘也笑道："我当然听说过，不就是那位仗义疏财、大名鼎鼎的小李探花吗？"

老头子道："不错。"

辫子姑娘道："听说，小李飞刀，例不虚发，直到今日为止，还没有一个人能躲开过，这句话不知道是真是假？"

老头子"呼"地将一口烟喷了出来，道："你若不相信，不妨去问问'平江'百晓生，去问问五毒童子，你就知道这句话是真是假了。"

辫子姑娘道："百晓生和五毒童子岂非早就全都死了吗？"

老头子淡淡道："不错，他们都死了，就因为他们不相信这句话。"

辫子姑娘伸了伸舌头，娇笑道："我可不敢不相信这句话，不相信这句话的只怕都是傻瓜。"

那面带青记的瘦长汉子鼻孔里似乎低低"哼"了一声，只不过大家都被这祖孙两人的对答所吸引，谁也没有留意他。

只有那"酒鬼"伏在桌上，似已醉了。

老头子又抽了两口旱烟，喝了口茶，才接着道："只可惜像李寻欢这样的英雄豪杰，如今也已死了。"

辫子姑娘愕然道："死了？谁有那么大的本事能杀了他。"

老头子道："谁也没有那么大的本事，有本事杀他的只有一个人。"

辫子姑娘道："谁？"

老头子道："就是他自己！"

辫子姑娘愣了愣，又笑道："他自己怎么会杀死自己呢？我看他一定还活在世上。"

老头子长长叹了口气，道："就算他还活在世上，也和死差不多了……哀莫大于心死，可叹呀可叹，可惜呀可惜……"

辫子姑娘也叹了口气，沉默了半晌，忽又问道："除了他之外，还有什么人可称得上是英雄呢？"

老头子道："你可听说过'阿飞'这名字？"

辫子姑娘道："好像听说过。"

她眼珠子一转，又道："听说此人剑法之快，举世无双，却不知是真是假？"

老头子道："伊哭的武功如何？"

辫子姑娘道："兵器谱中，青魔手排名第九，武功自然是好得很了。"

老头子道："铁笛先生、少林心鉴、赵正义、田七……这些人的武功又如何？"

辫子姑娘道："这几位都是江湖中一等一的高手，谁都知道的。"

老头子道:"阿飞的剑法若不快,这些人怎会败在他剑下?"

辫子姑娘道:"如今这位'阿飞'的人呢?"

老头子叹了口气,道:"他也和小李探花一样,忽然不见了,谁也不知道他的消息,只知道他是和林仙儿同时失踪的。"

辫子姑娘道:"林仙儿?不就是那位号称天下第一美人的林姑娘?"

老头子道:"不错。"

辫子姑娘也叹了口气,曼声道:"情是何物?偏叫世人都为情苦,而且还无处投诉……"

那紫面少年似已有些不耐,皱眉道:"闲话少说,书归正传,你说的故事呢?"

老头子长叹着摇头道:"像阿飞和李寻欢这样的人物,都已不知下落,江湖中还会发生什么大事?我老头子还有什么好说的!"

那面带青印的瘦长汉子忽然冷笑了一声,道:"那倒也不见得。"

老头子道:"哦?阁下的消息难道比我老头子还灵通?"

那瘦长汉子目光四转,一字字道:"据我所知,不久就会有件惊天动地的事发生。"

老头子道:"在哪里发生?什么时候发生?"

瘦长汉子"啪"地一拍桌子,厉声道:"就在此时,就在此地！"

这句话说出，那孪生兄弟和第三批来的四个人面上全都变了颜色，那绿衣妇人眼波流动娇笑道："我倒看不出此时此地会发生什么了不得的大事。"

瘦长汉子冷笑道："据我所知，至少有六个人马上就要死在这里！"

绿衣妇人道："哪六个人？"

瘦长汉子喝了口酒，缓缓道："'白毛猴'胡非、'大力神'段开山、'铁枪小霸王'杨承祖、'水蛇'胡媚和'南山双虎'南山韩家兄弟！"

他一口气说了这六个名字，那孪生兄弟和第二批来的四个人都已霍然长身而起，纷纷拍着桌子骂道："你是什么东西？敢在这里胡说八道？"

声音喊得最大的正是那"大力神"段开山。

此人站起来就和半截铁塔似的，"南山双虎"韩家兄弟身材虽高大，比起他来还是矮了半个头。

他骂了两句不过瘾，接着又道："我看你才是一脸倒霉相，休想活得过今天晚上……"

这句话还未说完，瘦长汉子只一抬腿，忽然就到了他面前，"噼噼啪啪"给了他十七八个耳光。

段开山明明有两只手，偏偏就无法招架，明明有两条腿，偏偏就无法闪避，连头都似已被打晕了，动都动不得。

别的人也看呆了。

只听这瘦长汉子冷冷道："你以为是我要杀你们？凭

你们还不配让我动手,我这只不过是教训教训你们,要你们说话斯文些。"

他一面说着话,一面已慢慢走了回去。

"铁枪小霸王"杨承祖突然大喝一声,道:"慢走,你倒说说看是谁要杀我们?"

喝声中,他一直放在手边的长枪已毒蛇般刺出。

只见枪花朵朵,竟是正宗的杨家枪法。

那瘦长汉子头也未回,淡淡道:"要杀你们的人就快来了……"

只见他腰一闪,已将长枪挟在胁下,杨承祖用尽全身力气都抽不出来,一张紫脸已急得变成猪肝色。

瘦长汉子又接着道:"你们反正逃也逃不了的,还是慢慢等着瞧吧。"

他忽然一松手,正在抽枪的杨承祖骤然失去重心,仰面向后跌了下去,若不是"水蛇"胡媚扶得快,连桌子也要被撞翻了。

再看他的铁枪,竟已变成了条"铁棍"!

铁尖已不知何时被人折断了!

但听"夺"的一声,瘦长汉子将枪尖插在桌子上,慢慢倒了杯酒,慢慢喝了下去,就好像什么事都没有发生过一样。

但韩家兄弟、杨承祖、胡非、段开山、胡媚,这六个人就没有他这么好过了,一个个面面相觑,俱是面如死灰。

每个人心里都在想:"是谁要来杀我们?是谁……"

外面风渐渐大了,烛光闪动,映得那瘦长汉子一张青惨惨的脸更是说不出的诡异可怖。

"这人又是谁?"

"以他武功之高,想必是一等一的武林高手,我们怎会不认得他?"

"他怎会到这种地方来的?"

每个人心里都是忐忑不定,哪里还能喝得下一口酒去?

有的人已想溜之大吉,但这样就走,也未免太丢人了,日后若是传说出去还能在江湖中混么?

何况,听那青面汉子的口气,他们就算想逃,也逃不了!

那瘦小枯干,脸上还长着白毛的胡非,目光闪动,忽然站了起来,走到韩家兄弟的桌子前,抱拳道:"南山双虎的威名,在下久已仰慕。"

南山双虎也立刻站起,大虎韩斑抱拳道:"不敢。"

二虎韩明道:"胡大侠和胡姑娘兄妹,暗器轻功双绝,我兄弟也久仰得很!"

胡非道:"韩二侠过奖了。"

那边的"水蛇"胡媚也媚笑着裣衽作礼。

胡非道:"两位若不嫌在下冒昧,就请移驾过去一叙如何?"

韩斑道:"在下等也正有此意。"

这两批人若在别的地方相见,也许会拿出兵刃来拼个你死我活，但现在同仇敌忾，不是一家人也变成一家人了。

大家都举过杯，胡非道："两位久居关东，在下等却一直在江淮间走动，兄弟实在想不出有什么人会想将我们一网打尽。"

韩斑道："在下正也不解。"

胡非道："听那位朋友的口气要杀我们的那人，武功想必极高，我们也许真的不是他敌手，只不过……"

他忽然笑了笑，道："三个臭皮匠，胜过一个诸葛亮。合我们六人之力，总不至于连还手之力都没有吧。"

韩氏兄弟精神立刻一振。

韩斑大声道："胡兄说得好，我们六个又不是木头，难道就会乖乖地让别人砍脑袋吗？"

他斜眼瞟着那青面瘦长汉子，但那人却似根本没有听见。

韩明也大声道："常言道，兵来将挡。那人若不来也就罢了，若真的来……嘿嘿……"

胡媚娇笑着替他接了下去，道："若真的来了，就叫他来得去不得。"

这正是"人多胆壮"，六个人合在一起，就连段开山和杨承祖的胆气也不觉壮了起来。

六个人正在你一句我一句，你捧我我捧你，突听门外有人一声冷笑。

六个人的脸色立刻变了，喉咙也像是忽然被人扼住，非但再也说不出一个字，连呼吸都似已将停顿。

孙驼子早已骇呆了,但这六人却比他还要怕得厉害,他也忍不住随着他们的目光瞧了过去。

只见门口已出现了四个人。

这四人都穿着颜色极鲜明的杏黄色长衫,其中一个浓眉大眼,一个鹰鼻如钩,正是今天早上向他打听消息的那两人。

他们虽已到了门口,却没有走进来,只是垂手站在那边,也没有说话,看来一点也不可怕。

孙驼子实在想不通方才还盛气凌人的六个人,怎会对他们如此害怕,看这六人的表情,这四个黄衫人简直不是人,是鬼。

他们有些羡慕那"酒鬼"了,什么也没有瞧见,什么也没有听见,自然什么都用不着害怕。

奇怪的是,那祖孙两人一个已快老掉了牙,一个娇滴滴的仿佛被风一吹就要倒。

但两人此刻居然很沉得住气,并没有露出什么害怕的样子来,那老头子居然还能喝得下酒。

再看门口那四个黄衫人,已闪身让出了一条路。

一个年纪很轻的少年人背负着双手,慢慢地走了进来。

这少年身上穿的也是杏黄色的长衫,长得很秀气,态度也很斯文,他和四人唯一不同的地方,就是黄衫上还镶着金边。

他长得虽秀气,面上却是冷冰冰的,全无丝毫表情,走到屋子里,四下打量了一眼,眼睛就盯在那青面瘦长汉子身上。

青面汉子自己喝着酒,也不理他。

黄衫少年嘴角慢慢地露出一丝冷笑,慢慢地转过身,冰冷的目光在杨承祖等六人身上一扫。

这六人看来个个都比他凶狠些,但被他目光这一扫,六人似乎连腿都软了,连坐都坐不稳了。

黄衫少年慢慢地走了过去,自怀中取出六枚黄铜铸成的制钱,在六个人的头上各放了一枚。

六个人竟似忽都变成了木头人,眼睁睁地瞧着这人将东西随随便便摆在自己头上,连个屁都不敢放。

黄衫少年还剩下几个铜钱,拿在手里"叮叮当当"地摇着,缓缓走到那老人和辫子姑娘的桌前。

老头子抬起头瞧了他一眼,笑道:"朋友若是想喝酒,就坐下来喝两杯吧,我请你。"

他似已有些醉了,嘴里就好像含着个鸡蛋似的,舌头也比平时大了三倍,说的话简直没人能听得清。

黄衫少年沉着脸,冷冷地瞧着他,突然伸手在桌上一拍,摆在老头子面前的一碟花生米就突然全部从碟子里跳了起来,暴雨般向老头子脸上打了过去。

那老头子也不知是看呆了,还是吓呆,连闪避都忘了闪避,几十粒花生米眼看已快打在他脸上。

黄衫少年长袖突又一卷,将花生米全都卷入袖中,他袍袖再一抖,花生米就又一连串落回碟子。

老头子眼睛发直,张大了嘴说不出话来。

那辫子姑娘却已拍手娇笑起来,笑道:"这把戏真好看极了,想不到你原来是个变戏法的,你再变几手给我们瞧瞧好不好?我一定要爷爷请你喝酒。"

黄衫少年露了手极精纯的内家掌力,又露了手极高妙的接暗器功夫,谁知却遇着个不识货的买主,居然将他看成变戏法的。

但这黄衫少年却一点也没有生气,上上下下打量了辫子姑娘几眼,目中似乎带着笑意,慢慢地走了开去。

辫子姑娘着急道:"你的戏法为什么不变了?我还想看哩。"

那青面瘦长汉子突然冷笑了一声,道:"这种戏法还是少看些为妙。"

辫子姑娘眨着眼道:"为什么?"

青面汉子冷冷道:"你们若是会武功,他方才那两手戏法只怕已将你们变死了。"

辫子姑娘偷偷瞟了黄衫少年一眼,似乎有些不信,却已不敢再问了。

黄衫少年根本就没有理会那青面汉子在说什么,慢慢地走到那"酒鬼"的桌子前。"叮叮当当"摇着手里的制钱。

那"酒鬼"早已人事不知,伏在桌上睡得好像死人一样。

黄衫少年冷笑着,一把拎起他的头发,将他整个人都拎了起来,仔细看了两眼,手才放松。

他的手一松,这"酒鬼"就"砰"地又跌回桌子上,还是人事不知又呼呼大睡了起来。

青面汉子冷冷道："一醉解千愁，这话倒真不错，喝醉了的人确实比清醒的人占便宜。"

黄衫少年还是不睬他，背负着双手，慢慢地走了出去。

奇怪的是，胡非、段开山、杨承祖、胡媚、韩斑、韩明这六人也立刻一连串跟了出去，就好像有条绳子牵着似的。

这六人一个个都是哭丧着脸，直着脖子，脚下虽在一步步往前走，上半身却连动也不敢动，生怕头上的铜钱会掉下来。

看他们这种诚惶诚恐、小心翼翼的样子，仿佛只要头上的铜钱一跌落，立刻就要有大祸临头了。

孙驼子活了几十年，倒真还未见过这样的怪事。

他以前曾经听人说过，深山大泽中往往会出现山魅木客，最喜吃猴脑，高兴时就将全山的猴子全招来，看到中意的就放块石头在它脑袋上。被看中的猴子，绝不敢反抗，也绝不敢逃走，只是顶着那块石头，乖乖地等死。

孙驼子以前总认为这只不过是齐东野语，不足为信。但现在看到段开山这些人的模样，竟真的和那些猴子差不多。

以他们六人的武功，无论遇见什么人，至少也可以拼一拼，为何一见到这黄衫少年就好像老鼠遇见了猫。

孙驼子实在不明白。

他也并不想去弄明白，活到他这么大年纪的人，就知道有些事还是糊涂些好，太明白了反而烦恼。

好久没有下雨了,弄堂里的风沙很大。

另四个黄衫人不知何时已在地上画了几十个圆圈,每个圆圈不过是装汤的海碗那么大。

段开山等六人走出来,也不等别人吩咐,就站到这些圆圈里去了,一个人站一个圆圈,恰好能将脚摆在圆圈里。

六个人立刻又像是变成了六块木头。

黄衫少年又背负着双手,慢慢地走回小店,在段开山他们方才坐过的那张桌子上坐下。

他脸上始终冷冰冰的,到现在为止连一句话都没有说。

过了约莫两盏茶时候,又有个黄衫人走入了弄堂。

这人年龄比较大些,耳朵被人削掉了一个,眼睛也瞎了一只,剩下的一只独眼中,闪闪的发着凶光。

他穿的杏黄色长衫上也镶着金边,身后也一连串跟着七八个人,有老有少,有高有矮。

看他们的装束打扮,显然并不是没名没姓的人,但现在却也和段开山他们一样,一个个都哭丧着脸,直着脖子,小心翼翼地跟在那独眼人身后,走到小店前,就乖乖地站到圆圈里去。

其中有个人黝黑瘦削,满面都是精悍之色。

段开山等六人看到他,都显得很诧异,似乎在奇怪:"怎么他也来了?"

独眼人目光在段开山等六人面上一扫,嘴角带着冷笑，也背负着双手，慢慢地走入了小店，在黄衫少年对面坐下。

两人互相看了一眼，点了点头，谁也没有说话。

又过了盏茶时候，弄堂里又有个黄衫人走了进来。

这人看来显得更苍老，须发俱已花白，身上穿的杏黄色长衫上也镶着金边，身后也一连串跟着十来个人。

远远看来，他长得也没有什么异样，但走到近前，才发现这人的脸色竟是绿的，衬着他花白的头发，更显得诡秘可怕。

他不但脸是绿的，手也是绿的。

站在小店外的人一看到这绿面白发的黄衫客，就好像看到了鬼似的，都不觉倒抽了口凉气，有的人甚至已在发抖。

还不到半个时辰，弄堂里地上画的几十个圆圈都已站满了人，每个人都屏息静气，噤若寒蝉，既不敢动，也不敢说话。

穿金边黄衫的人已到了四个，最后一个是个须发皆白的老人，身形已佝偻，步履已蹒跚，看来比那说故事的老头子还要大几岁，简直老得连路都走不动了，但带来的人却偏偏最多。

这四人各据桌子的一方，一走进来就静静地坐在那里，谁也不开口，四个人仿佛都是哑巴。

外面站在圈子里的一群人，嘴却好像全被缝起来似的，里里外外除了呼吸声外，什么声音都听不到。

这小店简直就变得像座坟墓,连孙驼子都已受不了,那祖孙两人和青面汉子却偏偏还是不肯走。

他们难道还在等着看把戏?

这简直是要命的把戏。

第二十八章

要人命的金钱

也不知过了多久,弄堂尽头突然传来一阵"笃、笃、笃……"之声,声音单调而沉闷。

但这声音在这种时候听来,却另有一种阴森诡秘之意,每个人心头都好像有棍子在敲。

"笃、笃、笃……"简直要把人的魂都敲散了。

四个黄衫人对望了一眼,忽然一起站了起来。

"笃、笃、笃……"声音愈来愈响,愈来愈近。

凄凉的夜色中,慢慢地出现了一条人影!

这人的左腿已齐根断去,拄着拐杖。

拐杖似是金属所铸,点在地上,就发出"笃"的一响。

暗淡的灯光往小店里照出去,照在这人脸上,只见这人披头散发,面如锅底,脸上满是刀疤!

三角眼,扫地眉,鼻子大得出奇,这张脸就算没有刀疤,也已丑得够吓人了。

无论谁看到这人,心里都难免要冒出一股寒气。

四个黄衫人竟一起迎了出去,躬身行礼。

这独腿人已摆了摆手。

"笃、笃、笃……"人也走入了小店。

孙驼子这时看出他身上穿的也是件杏黄色的长衫,却将下摆掖在腰带里,已脏得连颜色都分不清了。

这件脏得要命的黄衫上,却镶着两道金边。

青面汉子瞧见这人走进来,脸色似也变了变。

那辫子姑娘更早已扭过头去,不敢再看。

独腿人三角眼里光芒闪动,四下一扫,看到那青面汉子时,他似乎皱了皱眉,然后才转身道:"你们辛苦了。"

他相貌凶恶,说起话来却温和得很,声音也很好听。

四个黄衫人齐躬身道:"不敢。"

独腿人道:"全都带来了么?"

那黄衫人道:"是。"

独腿人道:"一共有多少位?"

其中一个黄衫人道:"四十九人。"

独腿人道:"你能确定他们全是为那件事来的么?"

黄衫老人道:"在下等已调查确实,这些人都是在这三天内赶来的,想必都是为了那件事而来,否则怎会不约而同地来到这里?"

独腿人点了点头,道:"调查清楚就好,咱们可不能错怪了好人。"

黄衫老人道:"是。"

独腿人道:"咱们的意思,这些人明白了没有?"

黄衫老人道:"只怕还未明白。"

独腿人道:"那么你就去向他们说明白吧。"

黄衫老人道:"是。"

他慢慢地走了出去,缓缓道:"我们是什么人,各位想必已知道了,各位的来意,我们也清楚得很。"

他又慢慢地自怀中取出了一封信,接着道:"各位想必都接到了这同样的一封信,才赶到这里来的。"

大家既不敢点头,又怕说错了话,只能在鼻子里"嗯"了一声,几十个人鼻子里同时出声,那声音实在奇怪得很。

黄衫老人淡淡道:"凭各位的这点本事,就想来这里打主意,只怕还不配,所以各位还是站在这里,等事完再走的好,我们可以保证各位的安全,只要各位站着不动,绝没有人会来伤及各位毫发。"

他淡淡笑了笑,接道:"各位想必都知道,我们不到万不得已时,是不伤人的。"

他说到这里,突然有人打了个喷嚏。

打喷嚏的人正是"水蛇"胡媚。

女人为了怕自己的腰肢看来太粗,宁可冻死也不肯多穿件衣服的,大多数女人都有这个毛病。

胡媚这个毛病更重。

她穿得既少,弄堂里的风又大,她一个人站在最前面,恰好迎着风口,吹了半个多时辰,怎会不着凉。

平时打个喷嚏,最多也只不过抹抹鼻涕也就算了,但这喷嚏在此刻打出来,却真有点要命。

胡媚一打喷嚏,头上顶着的铜钱就跌了下来。

只听"当"的一声,铜钱掉在地上,骨碌碌滚出去好远,不但胡媚立刻面无人色,别的人脸色也变了。

黄衫老人皱了皱眉,冷冷道:"我们的规矩,你不知道?"

胡媚颤声道:"知……知道。"

黄衫老人摇了摇头,道:"既然知道,你就未免太不小心了。"

胡媚身子发抖道:"晚辈绝不是故意,求前辈饶我这一次。"

黄衫老人道:"我也知道你不会是故意的,却也不能坏了规矩,规矩一坏,威信无存,你也是老江湖了,这道理你总该明白。"

胡媚转过头,仰面望着胡非,哀唤道:"大哥,你……你也不替我说句话?"

胡非缓缓闭起眼睛,面颊上的肌肉不停颤动,黯然道:"我说话又有什么用?"

胡媚点了点头,凄然笑道:"我明白……我不怪你!"

她目光移向杨承祖,道:"小杨你呢?我……我就要走了,你也没有话要对我说?"

杨承祖眼睛直勾勾地瞪着前面,脸上连一点表情都没有。

胡媚道:"你难道连看都不愿看我一眼?"

杨承祖索性也将眼睛闭上了。

胡媚突然咯咯地笑了起来,指着杨承祖道:"你们大家看看,这就是我的情人,这人昨天晚上还对我说,只要我对他好，他不惜为我死的，但现在呢？现在他连看都不敢看我，好像只要看了我一眼，就会得麻风病似的……"

她笑声渐渐低沉，眼泪却已流下面颊，喃喃道："什么叫作情？什么叫作爱？一个人活着又有什么意思？真不如死了反倒好些，也免得烦恼……"

说到这里，她忽然就地一滚，滚出七八尺，双手齐扬，发出了数十点寒星，带着尖锐的风声，击向那黄衫老人。

她身子也已凌空掠过，似乎想掠入高墙。

"水蛇"胡媚以暗器轻功见长，身手果然不俗，发出的暗器又多，又急，又准，又狠！

黄衫老人，却只是淡淡皱了皱眉，缓缓道："这又何苦？"

他说话走路都是慢吞吞的，出手却快得惊人，这短短四个字说完，数十点寒星已都被他卷入袖中。

胡媚人刚掠起，骤然觉得一股大力袭来，身子不由自主"砰"地撞到墙上，自墙上滑落，耳鼻五官都已沁出了鲜血。

黄衫老人摇着头道："你本来可以死得舒服些的，又何苦多此一举。"

胡媚手捂着胸膛，不停地咳嗽，咳一声，一口血。

黄衫老人道："但你临死之前，我们还可以答应你一个要求。"

胡媚喘息着道："这……这也是你们的规矩？"

黄衫老人道："不错。"

胡媚道:"我无论要求什么事,你们都答应我?"

黄衫老人道:"你若有什么未了的心愿,我们可以替你去做,你若有仇未报,我们也可以替你去报!"

他淡淡笑了笑,悠然接着道:"能死在我们手上的人,运气并不差。"

胡媚目中突然露出了一种异样的光芒,道:"我既已非死不可,不知可不可以选个人来杀我。"

黄衫老人道:"那也未尝不可,却不知你想选的是谁?"

胡媚咬着嘴唇,一字字道:"就是他,杨承祖!"

杨承祖的脸色立刻变了,颤声道:"你……你这是什么意思?你难道想害我?"

胡媚凄然笑道:"你对我虽是虚情假意,我对你却是情真意浓,只要能死在你的手上,我死也甘心了。"

黄衫老人淡淡道:"杀人只不过是举手之劳而已,你难道从未杀过人么?"

他挥了挥手,就有个黄衫大汉拔出了腰刀,走过去递给杨承祖,微笑着道:"这把刀快得很,杀人一定用不着第二刀!"

杨承祖情不自禁摇了摇头,道:"我不……"

刚说到"不"字,他头顶上的铜钱也掉了下来。

"当"的一声,铜钱掉在地上,直滚了出去。

杨承祖整个人吓呆了,刹那间冷汗已湿透了衣服。

胡媚又已疯狂般大笑起来,咯咯笑道:"你说过,我若死了,你也活不下去,现在你果然要陪我死了,你这人总算还有几分良心……"

杨承祖全身发抖，突然狂吼一声，大骂道："你这妖妇，你好毒的心肠！"

他狂吼着夺过那把刀，一刀砍在胡媚脖子上，鲜血似箭一般的飞溅而出，染红了杨承祖的衣服。

他喘着气，发着抖，慢慢地抬起头。

每个人的眼都在冷冷地望着他。

夜色凄迷，不知何时起了一片乳白色的浓雾。

杨承祖跺了跺脚，反手一刀向自己的脖子抹了过去。

他的尸体正好倒在胡媚身上。

孙驼子这才明白这些人走路时为何那般小心了，原来要是他们一不小心将头顶上的铜钱掉落，就非死不可！

这些黄衫人的规矩不但太可怕，也太可恶！

那青面汉子却无动于衷，对这种事似已司空见惯，孙驼子只奇怪那黄衫人为何没有在他头顶上也放一枚铜钱。

就在这时，那独腿人忽然站了起来，慢慢地走到那青面瘦长汉子的桌前，在对面坐下。

青面汉子慢慢地抬起头，盯着他。

两个人都没有说话，但孙驼子却忽然紧张了起来，就好像有什么可怕的事立刻就要发生了。

他觉得这两人的眼睛都像是刀，恨不得一刀刺入对方心里。

雾更重了。

也不知过了多久，独腿人脸上忽然露出了一丝微笑。

他笑得很特别，很奇怪，一笑起来，就令人立刻忘了他的凶恶和丑陋，变得说不出的温和亲切。

他微笑着道："阁下是什么人，我们已知道了。"

青面汉子道："哦！"

独腿人道："我们是什么人，阁下想必也已知道。"

青面汉子冷冷道："近两年来不知道你们的人，只怕很少。"

独腿人又笑了笑，慢慢地自怀中取出了一封信。

这封信正和那黄衫人取出来的一样，看来并没有什么特别之处，但就连孙驼子也忍不住想瞧瞧信封上写的是什么。

那辫子姑娘的一双大眼睛更不时地偷偷往这边瞟，只可惜独腿人已将这封信用手压在桌上，微笑着道："阁下不远千里而来，想必也是为了这封信来的。"

青面汉子道："不错。"

独腿人道："阁下可知道这封信是谁写的么？"

青面汉子道："不知道。"

独腿人笑道："据我们所知，江湖中接到这样信的至少也有一百多位，但却没有一个人知道信是谁写的，我们也曾四下打听，却连一点线索也没有。"

青面汉子冷冷道："若连你们也打听不出，还有谁能打听得出！"

独腿人笑道："我们虽不知道信是谁写的，但他的用意我们却已明白。"

青面汉子道:"哦?"

独腿人道:"他将江湖中成名的豪杰全引到这里来,为的就是要大家争夺埋藏在这里的宝物,然后自相残杀!他才好得渔翁之利。"

青面汉子道:"既然如此,你们为何要来?"

独腿人道:"正因他居心险恶,所以我们才非来不可!"

青面汉子道:"哦?"

独腿人笑了笑道:"我们到这里来,就为的是要劝各位莫要上那人的当,只要各位肯放手,这一场祸事就可消弭于无形了。"

青面汉子冷笑道:"你们的心肠倒真不错。"

独腿人似乎根本听不出他话中的刺,还是微笑道:"我们只希望能将大事化小事,小事化无事,让大家都能安安静静地过几年太平日子。"

青面汉子缓缓道:"其实此间是否真有宝藏,大家谁也不知道。"

独腿人抚掌道:"正是如此,所以大家若是为了这种事而拼命,岂非太不值得了。"

青面汉子道:"我既已来了,好歹也得看他个水落石出,岂是别人三言两语就能将我打发走的。"

独腿人立刻沉下了脸,道:"如此说来,阁下是不肯放手的了!"

青面汉子冷笑道:"我就算放了手,只怕也轮不到你们!"

独腿人也冷笑着道:"除了阁下外,我倒想不出还有谁能跟我们一争长短的。"

他将手里的铁拐重重一顿,只听"笃"的一声火星四溅,四尺多长的铁拐,赫然已有三尺多插入地下。

青面汉子神色不变,冷冷道:"果然好功夫,难怪百晓生作兵器谱,要将你这只铁拐排名第八。"

独腿人厉声道:"阁下的蛇鞭排名第七,我早就想见识见识了!"

青面汉子道:"我也正想要你们见识见识!"

第二十九章

长眼睛的鞭子

只见青面汉子左手轻轻在桌上一按,人已凌空飞起,只听"呼"的一声,风声激荡,右手里不知何时已多了条乌黑的长鞭。

软兵器愈长愈难使,能使七八尺软鞭的人,已可算是高手,此刻这青面汉子的蛇鞭却长得吓人,纵然没有三丈,也有两丈七八。

他的手一抖,长鞭已带着风声向站在圆圈里的一群人头顶上卷了过去,只听"叮叮当当"一连串声响,四十多枚铜钱一起跌落在地上。

这四十几人有高有矮,他长鞭一卷,就把他们头上的铜钱全部卷落,且未伤及任何一人毫发。

这四十几人可说没有一个不是见多识广的老江湖,但能将一条鞭子使得如此出神入化的,却是谁也没有见过。

鞭子到了他手上,就像是忽然变活了,而且还长了眼睛。

四十几人互相瞧了一眼,忽然同时展动身形,蹿墙的蹿墙,上房的上房,但见满天人影飞舞,刹那间就逃得干干净净。

那黄衫老人脸色也变了，厉声道："你要了他们的夺命金钱，难道是准备替他们送命么？"

独腿人冷笑道："有'鞭神'西门柔的一条命，也可抵得过他们四十几条命了！"

他铁拐斜扬，一只脚站在地上，整个人就好像钉在地上似的，稳如泰山。

黄衫老人双手一伸一缩，自长袖中退出了一对判官笔。

面色惨绿的黄衣人转了个身，手里也多了对奇形外门兵刃，看来似刀非刀，似锯非锯，阴森森地发着碧光，兵刃上显然有剧毒。

那黄衫少年始终未曾开口说话，双手也始终藏在袖中，此刻才慢慢地伸了出来，用的兵刃赫然竟是一双子母钢环。

用兵器讲究的是"一寸长一寸强，一寸短一寸险"。这子母钢环更是险中之险，只要一出手，就是招招抢攻的进手招式，不能伤人，便被人伤，是以武林中敢用这种绝险兵器的人并不多。

敢用这种兵器的人武功就绝不会弱。

四个人身形展动，已将那青面汉子西门柔围住。

只有那独眼黄衣人却退了几步，反手拉开了衣襟，露出了前胸的两排刀带，带上密密地插着七七四十九柄标枪，有长有短，长的一尺三寸，短的六寸五分，枪头的红缨鲜红如血！

五个人的眼睛都转也不转地盯在西门柔手里的长鞭上，显然都对这条似乎长着眼睛的鞭子有些戒惧之心。

独腿人阴恻恻一笑，道："我这四位朋友的来历，阁下想必已看出来了吧。"

西门柔道："我早就看出来了。"

独腿人道："按理说，以我们五人的身份，本不该联手对付你一个，只不过今日的情况却不同。"

西门柔冷笑道："江湖中以多为胜的小人我也见得多了，又不止你们五个。"

独腿人道："我本不想取你性命，但你既犯了我们的规矩，我们怎能再放你走，规矩一坏，威信无存，这道理你自然也明白。"

西门柔道："我若一定要走呢？"

独腿人道："你走不了的！"

西门柔忽然大笑起来，道："我若真要走时，凭你们还休想拦得住我！"

他的手一抖，长鞭忽然卷起了七八个卷子，将自己卷在中央，鞭子旋转不息，看来就像是陀螺似的。

独腿人大喝一声，铁拐横扫出去。

这一拐扫出，虽是一招平平常常的"横扫千军"，但力道之强，气势之壮，却当真无与伦比！

江湖中每天也不知有多少人在用这同样的招式，但也只有他才真的无愧于这"横扫千军"四字。

西门柔长笑不绝，鞭子旋转更急，他的人已突然冲天飞起。

那独眼大汉双手齐扬,眨眼间已发出了十三柄标枪,但见红缨闪动,带着呼啸的风声向西门柔打了过去。

长的标枪先发,短的标枪却先至,只听"咔嚓、咔嚓"一连串声响,长长短短一十三根标枪全都被旋转的鞭子拗断,断了的标枪向四面八方飞出,有的飞入高墙,有的钉在墙上,余力犹未尽,半截枪杆仍在"嗡嗡"地弹动不歇,枪头的红缨都被抖散了,一根根落下来,随风飞舞。

西门柔的人却像是阵龙卷风般愈转愈快,愈转愈高,再几转便转入浓雾中,瞧不见了。

独腿人喝道:"追!"

他铁拐"笃"地一点,人也冲天飞起,这一条腿的人竟比两条腿的人轻功还高得多,眨眼间也消失在浓雾中。

但铁拐扫动时所带起的风声仍远远传来,所有的黄衫人立刻都跟着这风声追了下去,弄堂里立刻又恢复了昔日的平静,只留下一摊血泊、两具尸体。

若不是这两具尸身,孙驼子真以为这只不过是场噩梦。

只见那老头子不知何时已清醒了,眼睛里连一点酒意也没有,他目送黄衣人一个个走远,才叹了口气,喃喃道:"难怪西门柔的蛇鞭排名还在青魔手之上,看他露了这两手,就已不愧'鞭神'两字,百晓生毕竟还是有眼光的。"

辫子姑娘道:"武林中用鞭子的人,难道真没有一个能强过他吗?"

老头子道:"软兵刃能练到他这种火候的,三十年来还没有第二个。"

辫子姑娘道:"那一条腿的怪物呢?"

老头子道:"那人叫诸葛刚,江湖中人又称他'横扫千军',掌中一只金刚铁拐净重六十三斤,天下武林豪杰所使的兵器,没有一个比他更重的了。"

辫子姑娘笑道:"一个叫西门柔,一个叫诸葛刚,看来两人倒真是天生的冤家对头。"

老头子道:"西门柔武功虽柔,为人却很刚正,诸葛刚反倒是个阴险狡猾的人。两人武功相克,脾气也不同,只不过柔能克刚,斗武功诸葛刚虽稍逊一筹,斗心机西门柔就难免要吃亏了。"

辫子姑娘道:"依我看,那白胡子老头比诸葛刚还要阴险得多。"

老头子道:"那人叫高行空,是点穴的名家,还有那独眼龙叫燕双飞,双手能在顷刻间连发四十九柄飞枪,百发百中。这两人在百晓生的兵器谱中一个排名三十七,一个排名四十六,在江湖中也是一等一的高手。"

辫子姑娘撇了撇嘴,道:"排名四十六的还能算高手么?"

老头子道:"这世上练武的人何止千万,能在兵器谱上列名的又有几个?"

辫子姑娘道:"那脸色发绿的人用的是什么兵器?"

老头子道:"那人叫'毒螳螂'唐独,用的兵器就叫作'螳螂刀',刀上剧毒,无论谁只要被划破一丝血口,一个时辰内必死无救!"

辫子姑娘吃吃笑道:"我想起来了,听说此人专吃五毒,所以吃得全身发绿,连眼球子都是绿的,他老婆还送了他顶绿帽子。"

老头子敲着火石,点起了旱烟,长长吸了一口,道:"这几人虽都是江湖中一等一的高手,但若论来头之大,却还都比不上那年纪轻轻的小伙子。"

辫子姑娘道:"不错,我也看出这人有两下子,他年纪最轻,却最沉得住气,用的兵器也最扎手,却不知他是什么来历。"

老头子道:"你可听说过'龙凤环'上官金虹这名字?"

辫子姑娘道:"当然听说过,此人掌中一对子母龙凤环,在兵器谱中排名第二,名次犹在小李探花的飞刀之上,江湖中谁人不知,哪个不晓?"

老头子道:"那少年叫上官飞,正是上官金虹的独生子,诸葛刚、唐独、高行空、燕双飞,也都是上官金虹的属下。"

辫子姑娘伸舌头,道:"难怪他如此强横霸道了,原来他们还有这么硬的后台。"

老头子道:"上官金虹沉寂了多年,两年前忽然东山复起,网罗了兵器谱中的十七位高手,组成了金钱帮,这两年来战无不胜,横行无忌,江湖中人人为之侧目,声势之壮,甚至已凌驾在丐帮之上!"

辫子姑娘撇着嘴道:"丐帮乃是武林中第一大帮,他们这些邪门外道怎么比得上?"

老头子长长叹了口气,道:"这两年来,江湖中人才凋零,正消邪长,那些志气消沉的英雄侠士若再不奋发图强,金钱帮真不知要横行到几时了。"

说到这里,他们似有意若无意地向那"酒鬼"瞟了一眼,那酒鬼却仍伏在桌上,沉醉不醒。

辫子姑娘叹了口气,道:"如此说来,这件事既有金钱帮插手,别的人也只好在旁边看看了。"

老头子笑了笑,道:"那倒也不见得。"

辫子姑娘道:"难道还有什么人的武功比上官金虹更强么?"

老头子道:"龙凤环在兵器谱中虽然排名第二,但排名第三的小李飞刀、排名第四的嵩阳铁剑,武功都未必在上官金虹之下!"

他又笑了笑,才接着道:"何况,在龙凤环之上,还有根千变万化,妙用无方的'如意棒'哩!"

辫子姑娘眼睛亮了,道:"那如意棒究竟有什么妙用?为何能在兵器谱中排名第一?"

老头子摇了摇头,道:"如意棒又叫作天机棒,天机不可泄露,除了那位'天机老人'外,别的人怎会知道?"

辫子姑娘嘟着嘴,沉默了半晌,忽又笑了,道:"金钱帮就算很了不起,但名字却起得太不高明了,简直又俗气又可笑。"

老头子正色道:"钱能役鬼,也可通神,天下万事万物,还有哪一样的魔力能比'金钱'更大?你活到我这种年纪,就会知道这名字一点也不可笑了。"

辫子姑娘道:"但世上也有些人是金钱所不能打动的。"

老头子叹道:"那种人毕竟很少,而且愈来愈少了……"

辫子姑娘又嘟起了嘴,垂头望着自己的指甲。

老头子抽了几口烟,在桌边上磕出了斗中的烟灰,缓缓道:"我说的话,你都听见了么?"

辫子姑娘大眼睛一转,也瞟了那酒鬼,展颜笑道:"我又没有喝醉,怎么会听不见?"

老头子点了点头,道:"那些人的来历,你想必也全都明白了?"

辫子姑娘道:"全明白了。"

老头子道:"很好,这样你以后遇着他们时,就会小心些了……"

他面带着微笑,慢慢地站了起来,喃喃道:"这里的酒虽不错,但一个人只要活着,总不能永远泡在酒缸里,糊里糊涂地过一辈子,该走的时候,还是要走的……掌柜的,你说是吗……"

这祖孙两人一问一答,就好像在向别人说话似的。

孙驼子也不觉听得出神了,此刻忍不住笑道:"老先生对江湖中的事如此熟悉,想必也是位了不起的大英雄,这里的账,就让我替你老人家结了吧。"

老头子摇着头笑道:"我可不是什么英雄,不过是个酒虫……但无论英雄也好,酒虫也好,一个人欠的账总要自己付的,赖也赖不了,躲也躲不掉。"

他取出锭银子放在桌上,扶着他孙女儿的肩头,蹒跚地走了出去,也渐渐地消失在无尽的夜雾里。

孙驼子望着他的背影,又出了半天神,回过头,才发现"酒鬼"不知何时也已醒了,而且已走到"鞭神"西门柔方才坐过的那张桌子前,拿起了诸葛刚方才留在桌上的那封书信。

孙驼子笑道:"你今天可真不该喝醉的,平白错过了许多好戏。"

那酒鬼笑了笑,又叹了口气道:"真正的好戏也许还在后头哩,只怕我想不看都不行。"

孙驼子皱了皱眉,他觉得今天每个人说话都好像有点阴阳怪气,好像每个人都吃错了药似的。

那酒鬼已抽出了信,只瞧了两眼,苍白的脸上突又泛起了一阵异样的红晕,弯下腰去不停地咳嗽起来。

孙驼子忍不住问道:"信上写的是什么?"

那酒鬼道:"没……没什么。"

孙驼子眨了眨眼,道:"听说那些人全都是为了这封信来的。"

那酒鬼道:"哦?"

孙驼子笑道:"他们还说这里有什么藏宝,那才真是活见鬼了。"

他一面抹着桌子,一面又道:"你还想不想喝酒?今天我请你。"

他听不到回答，转过头，只见那酒鬼正呆呆地站在那里，出神地遥望着远方，也不知在瞧些什么。

他目中虽没有醉意，却带着种说不出的凄凉萧索之意。

孙驼子顺着他的目光望了过去，就看到了高墙内，小楼上的那一点孤灯，在浓雾中看来，这一盏孤灯仿佛更遥远了……

孙驼子回到后院的时候，三更早已过了。

院子里永远是那么寂静，那酒鬼屋子里灯光还在亮着，门却没有关起，被风一吹，"吱吱"地发响。

孙驼子想起那天晚上的事，立刻就走了过去，敲着门道："你睡了么？为何没关门？"

屋子里寂静无声。

孙驼子将门轻轻推开了一线，探头进去，只见床上的被子叠得整整齐齐，根本就没有人睡过。

那酒鬼已不见了。

"三更半夜的，他会跑到哪里去？"

孙驼子皱了皱眉，推门走了进去。

屋子里很凌乱，床头堆着十七八块木头，但却瞧不见那把刻木头的小刀，桌子上还有喝剩下的半壶酒。

酒壶旁有一团揉皱了的纸。

孙驼子认得这张纸正是诸葛刚留下来的那封信。

他忍不住用手将信纸摊平，只见上面写着："九月十五夜，兴云庄有重宝将现，盼阁下勿失之交臂。"

就只这短短三句话,下面也没有署名,但信上说的愈少,反而愈能引起别人的好奇之心。

写信的这人,实在很懂得人的心理。

孙驼子皱起了眉,面上也露出一种奇异表情。

他知道兴云庄就是他小店对面那巨大的宅第,但却再也想不出那"酒鬼"会和兴云庄有什么关系。

第三十章

漫漫的长夜

夜雾凄迷,木叶凋零,荷塘内落满了枯叶,小路上荒草没径,昔日花红柳绿、梅香菊冷的庭院,如今竟充满了森森鬼气。

小桥的尽头,有三五精舍,正是"冷香小筑"。

在这里住过的有武林中第一位名侠,江湖中第一位美人,昔日此时,梅花已将吐艳,香气醉沁人心。

但现在,墙角结着蛛网,窗台积着灰尘,早已不复再见昔日的风流遗迹,连不老的梅树都已枯萎。

小楼上的灯火仍未熄,远方传来零落的更鼓。

已是四更。

漫漫长夜已将尽,浓雾中忽然出现了一条人影。

这究竟是深夜无寐的人,还是来自地府的幽灵?

只见他头发蓬乱,衣衫不整,看来是那么落魄、憔悴,但他的神采看来却仍然是那么潇洒,目光也亮得像是秋夜的寒星。

他萧然走过小桥,看到枯萎了的梅树,他不禁发出了深长的叹息。梅花本也是他昔日的良伴,今日却已和人同样憔悴。

然后他的人忽然如燕子般飞起!

小楼上的窗子是关着的,淡黄色的窗纸上,映着一条纤弱的人影,看来也是那么寂寞,那么孤零。

窗棂上百条裂痕,从这裂痕中望进去,就可以看到这孤零寂寞的人,正面对着孤灯,在缝着衣服。

她的脸色苍白,美丽的眼睛也失去了昔日的光彩。

她面上全没有丝毫表情,看来是那么冷淡,似乎早已忘却了人间的欢乐,也已忘却了红尘的愁苦。

她只是坐在那里,一针针地缝着,让青春在针尖溜走。

衣服上的破洞可以缝补,但心灵上的创伤却是谁也缝合不了的……

坐在她对面的,是个十三四岁的孩子。

他长得很清秀,一双灵活的眼睛使他看来更聪明,但他的脸色也那么苍白,苍白得使人忘了他还是个孩子。

他正垂着头,在一笔笔地练着字。

他年纪虽小,却也已学会了忍耐寂寞。

那落魄的人幽灵般伏在窗外,静静地瞧着他们。

他眼角已现出了泪痕。

也不知过了多久,那孩子忽然停下了笔,抬起了头,望着桌上闪动的火焰痴痴地出神。

那妇人也停下了针线,看到了她的孩子,她目中就流露出不尽的温柔,轻声道:"小云,你在想什么?"

孩子咬着嘴唇,道:"我正在想,爹爹不知要到什么时候才会回来。"

妇人的手一阵颤抖,针尖扎在她自己的手指上,但她却似乎全未感觉到痛苦,她的痛苦在心里。

那孩子又道:"妈,爹爹为什么会突然走了呢?到现在已两年了,连音讯都没有。"

妇人沉默了很久,才轻轻叹了口气,道:"他走的时候,我也不知道。"

那孩子目中突然露出了一种说不出的狡黠之色,道:"但我却知道他是为什么走的。"

妇人皱了皱眉,轻叱道:"你小小的孩子,知道什么?"

那孩子道:"我当然知道,爹爹是为了怕李寻欢回来找他报仇才走的,他只要一听到李寻欢这名字,脸色就立刻变了。"

妇人想说话,到后来所有的话都化作了一声长长的叹息。

她也知道孩子懂得很多,也许太多了。

那孩子又道:"但李寻欢却始终没有来,他为什么不来看看妈呢?"

妇人的身子似又起了一阵颤抖,大声道:"他为什么要来看我?"

那孩子嘻嘻一笑,道:"我知道他一直是妈的好朋友,不是吗?"

妇人的脸色更苍白,忽然站了起来,板着脸道:"天已快亮了,你还不去睡?"

那孩子眨了眨眼睛,道:"我不睡,是为了陪妈的,因为妈这两年来晚上总是睡不着,连孩儿我看了心里都难受得很。"

妇人缓缓地阖起眼睛,一连串眼泪流下面颊。

那孩子却站了起来,笑道:"我也该去睡了,明天就是妈的生日,我得早些起来……"

他笑着走过来,在那妇人的面颊上亲了亲,道:"妈也该睡了,明天见。"

他笑着走了出去,一走到门外,笑容就立刻瞧不见了,目中露出了一种怨毒之色,喃喃道:"李寻欢,别人都怕你,我可不怕你,总有一天,我要你死在我手上的。"

妇人目送着孩子走出门,目中充满了痛苦,也充满了怜惜,这实在是个聪明的孩子。

她只有这么一个孩子。

这孩子就是她的命,他就真做了什么令她伤心的事,就真说了什么令她伤心的话,她都还是同样地疼他爱他。

母亲对孩子的爱,是永无止境、永无条件的。

她又坐了下来,将灯火挑得更亮了些。

她怕黑暗。

每天夜色降临的时候,她心里就会生出一种说不出的畏惧。

就在这时,她听到窗外传来了一阵轻轻的咳嗽声。

她脸色立刻变了。

她整个人似已僵住，呆呆地坐在那里，痴痴地望着那窗子，目中似乎带着些欣喜，又似乎带着些恐惧……

也不知过了多久，她才慢慢地站了起来，慢慢地走到窗口，用一只正在颤抖着的手，慢慢地推开了窗户，颤声道："什么人？"

乳白色的浓雾一缕缕飘入窗户，袅娜四散，十四夜的满月被浓雾掩没，已能看得到一轮淡淡的微光。

四下哪有什么人影。

那妇人目光茫然四下搜索着，凄然道："我知道你来了，你既然来了，为何不出来和我相见呢？"

没有人声，也没有响应。

那妇人长长叹了口气，黯然道："你不愿和我相见，我也不怪你，我们的确对不起你，对不起你……"

她声音愈来愈轻，又呆呆地伫立了良久，才缓缓关起窗子。

窗子里的灯火也渐渐微弱，终于熄灭。

大地似已完全被黑暗所吞没。

黎明前的一段时候，永远是最黑暗的。

但黑暗毕竟也有过去的时候，东方终于现出了一丝曙色，随着黑暗同来的夜雾，也渐渐淡了。

小楼前的梧桐树后，渐渐现出了一条人影。

他就这样动也不动地站在那里，也不知已站了多久，他的头发、衣服，几乎都已被露水湿透。

他目光始终痴痴地望着那小楼上的窗户，仿佛从未移动过,他看来是那么苍老、疲倦、憔悴……

他正是昨夜那宛如幽灵般在浓雾中出现的人,也正是那个在孙驼子的小店中终日沉醉不醒的酒鬼。

他虽然没有说话,可是心里却在呼唤。

"诗音,诗音,你并没有对不起我,是我对不起你……"

"我虽不能见你的面,可是这两年来,我日日夜夜都在你附近,保护着你,你可知道吗?"

一线骄阳划破晨雾,天色更亮了。

这人以手掩着嘴,勉强忍住咳嗽,悄悄地穿过已被泥泞和落叶淹没的青石小径,穿过红漆已剥落的月门,悄悄地走到前面。

整个宅院已完全荒废,昔日高朋满座的厅堂,今日已只剩下蛛网、灰尘和一扇扇已被风雨吹得七零八落的窗户。

四下不见人迹,也听不到人声。

他走下长长的石阶,来到前院。

前院似乎比后园更荒凉,更残破,只有大门旁的那门房小屋,门窗还勉强可以算完整的。

昔日曾经到过这里的人,无论谁也想不到这辉煌的宅第,在短短不到两年的时间,就已变成如此模样。

他又弯下腰,低低地咳嗽着,一线阳光照上他的头,就在这一夜间,他本来漆黑的头发,竟已被忧痛和感伤染白了双鬓。

然后,他缓缓走到那门房小屋前。

门是虚掩着的,他轻轻推开了。

一推开门,立刻就有一股廉价的劣酒气扑鼻而来,屋子里又脏又乱,一个人伏在桌上,手里还紧紧地抓着个酒瓶。

又是个酒鬼。

他自嘲地笑了笑,开始敲门。

伏在桌上的人终于醒了,抬起头,才看出他满面都是麻子,满面都是被劣酒侵蚀成的皱纹,须发也已白了。

谁也不会想到他就是武林第一美人林仙儿的亲生父亲。

他醉眼惺忪地四面瞧着,揉着眼睛,喃喃道:"大清早就有人来敲门,撞见鬼了么?"

说完了这句话,他才真的见到了那落魄的中年人,皱眉叱道:"你是什么人?怎么跑到这里来了?你怎么来的?"

他嗓子愈来愈大,似又恢复了几分大管家的气派。

落魄的中年人笑了笑,道:"两年前我们见过面,你不认得我了吗?"

麻子定睛看了他几眼,脸上立刻变了颜色,霍然站了起来,就要往地上拜倒,惊喜着道:"原来是李……"

落魄的中年人不等他拜下已扶住了他,不等他话说完,已掩住了他的嘴,微笑着缓缓道:"你还认得我就好,我们坐下来说话。"

麻子赶紧搬凳子,赔笑道:"小人怎会不认得大爷你呢?上次小人有眼无珠,这次再也不会了,只不过……

大爷你这两年来的确老了许多。"

落魄的中年人似乎也有些感叹,道:"你也老了,大家都老了,这两年来你们日子过得还好么?"

麻子摇了摇头,叹道:"在别人面前,我也许还会吹吹牛,但在大爷你面前……"

他又叹了口气,苦笑着接道:"不瞒大爷,这两年的日子,连我都不知怎么混过去的,今天卖幅字画,明天卖张椅子来度日,唉……"

落魄的中年人皱眉道:"家里难道连日子都过不下去了?"

麻子低下了头,揉着眼睛。

落魄的中年人道:"龙……龙四爷走的时候,难道没有留下安家的费用?"

麻子摇了摇头,眼睛都红了。

落魄的中年人脸色更苍白,又不住咳嗽起来。

麻子道:"夫人自己本还有些首饰,但她的心肠实在太好了,都给了下人们,叫他们变卖了做些小生意去谋生,她……她宁可自己受苦,也不愿亏待了别人。"

说到这里,他语声也已有些哽咽。

落魄的中年人沉默了很久,感叹着道:"但你却没有走,你实在是个很忠心的人。"

麻子低着头笑了,讷讷道:"小人只不过是无处可去罢了……"

落魄的中年人柔声道:"你也用不着自谦,我很了解你,有些人的脾气虽然不好,心却是很好的,只可惜很少有人能了解他们而已。"

麻子的眼睛似又红了，勉强笑着道："这酒不好，大爷你若不嫌弃，将就着喝两杯吧。"

他殷勤地倒酒，才发现酒瓶已空了。

落魄的中年人展颜笑道："我倒不想喝酒，只想喝杯……茶，你说奇不奇怪，我也居然想喝茶了，许多年来，这倒是破题儿第一次。"

麻子也笑了，道："这容易，我这就去替大爷烧壶水，好好地沏壶茶来。"

落魄的中年人道："你无论遇着谁，千万都莫要提起我在这里。"

麻子点着头笑道："大爷你放心，小人现在早已不敢再多嘴了。"

他兴冲冲地走了出去，居然还未忘记掩门。

落魄的中年人神色立刻又黯淡了下来，黯然自语："诗音、诗音，你如此受苦，都是我害了你，我无论如何也要保护你，绝不会让任何人伤害到你！"

阳光照上窗户，天已完全亮了。

茶叶并不好。

但茶只要是滚烫的，喝起来总不会令人觉得难以下咽，这正如女人，女人只要年轻，就不会令人觉得太讨厌。

落魄的中年人慢慢地啜着茶，他喝茶比喝酒慢多了，等这杯茶喝完，他忽然笑了笑，道："我以前有个很聪明的朋友，曾经说过句很有趣的话。"

麻子赔笑道："大爷你自己说话就有趣得很。"

落魄的中年人道："他说，世上绝没有喝不醉的酒，也绝没有难看的少女，他还说，他就是为了这两件事，所以才活下去的。"

他目中带着笑意，接着道："其实真正好的酒要年代愈久才愈香，真正好的女人也要年纪愈大才愈有味道。"

麻子显然还不能领略他这句话中的"味道"，愣了半晌，替这落魄的中年人又倒了杯茶，才问道："大爷你这次回来，可有什么事吗？"

落魄的中年人沉默着，过了很久才缓缓道："有人说，这地方有宝藏……"

麻子失笑道："宝藏？这地方当真有宝藏，那就好了。"

他忽又敛去了笑容，眼角偷偷瞟着那落魄的中年人，试探着道："这地方若真有宝藏，大爷你总该知道。"

落魄的中年人叹了口气，道："你我虽不信这里有宝藏，怎奈别人相信的却不少。"

麻子道："造谣的人是谁？他为什么要造这种谣？"

落魄的中年人沉吟着道："他不外有两种用意，第一，他想将一些贪心的人引到这里来互相争夺，互相残杀，他才好浑水摸鱼。"

麻子道："除此之外，他还有什么别的意思？"

落魄的中年人目光闪动，缓缓道："我已有许多年未曾露面了，江湖中有许多人都在打听我的行踪，他这样做，也许就是为了要引我现身，诱我出手！"

麻子挺胸道："出手就出手，有什么关系，也好让那些人瞧瞧大爷你的本事。"

落魄的中年人苦笑道："这次来的那些人之中有几个只怕连我都对付不了！"

麻子吃惊道："这世上难道真还有连大爷你都对付不了的人么？"

落魄的中年人还未说话，突然大门外传来一阵敲门声。

一个清亮的声音在喊道："借问这里可是龙四爷的公馆么？在下等特来拜访。"

麻子喃喃道："奇怪，这里已有两年连鬼都没有上门，今天怎么会忽然来了客人？"

过了约半个时辰，麻子才笑嘻嘻地回来，一进门就笑道："今天原来是夫人的生日，连我都忘了，难为那些人倒还记得，是特地来向夫人拜寿的。"

落魄的中年人沉思着，问道："来的是些什么人？"

麻子道："一共来了五位，一位是很有气派的老人家，一位是个很帅的小伙子，还有位是个独眼龙，最可怕的是个脸色发绿的人。"

落魄的中年人皱眉道："其中是否还有位一条腿的跛子？"

麻子点头道："不错……大爷你怎会知道的，难道也认得他们么？"

落魄的中年人低低地咳嗽，目中却已露出了比刀还锐利的光芒，这种锐利的目光使他看来就仿佛忽然变了个人。

麻子却未注意，笑着又道："这五人长得虽有些奇形怪状，但送的礼倒真不轻，就连龙四爷以前还在的时候，都没有人送过这么重的礼。"

落魄的中年人道："哦？"

麻子道："他们送的八色礼物中，有个用纯金打成的大钱，至少也有四五斤重，我倒真还未见过有人出手这么大方的。"

落魄的中年人皱了皱眉，道："他们送的礼，夫人可收下来了么？"

麻子道："夫人本来不肯收的，但那些人却坐在客厅里不肯走，好歹也要见夫人一面，还说他们本是龙四爷的好朋友，夫人没法子，只好叫少爷到客厅里去陪他们了。"

他笑着道："大爷你莫看少爷小小年纪，对付人可真有一套，说起话来比大人还老到，那几位客人没有一个不夸他聪明绝顶的。"

落魄的中年人凝视着杯中的茶，喃喃道："这五人既已来了，还会有些什么人来呢？还有什么人敢来呢？"

诸葛刚、高行空、燕双飞、唐独和上官飞此刻正在那家具已大半被搬空了的大厅里，和一个穿红衣服的孩子说话。

这五人虽然都是目空一切的江湖枭雄，此刻对这孩子倒并没有丝毫轻慢之态,说话也客气得很。

只有上官飞仍然静静地坐在那里,一言不发,世上好像没有什么事能使这冷漠的少年人开口的。

诸葛刚面上又露出了亲切和蔼的笑容,道:"少庄主惊才绝艳,意气风发,他日的成就,必然不可限量,但望少庄主那时莫要将我们这些老废物视如陌路,在下等就高兴得很了。"

那孩子也笑道:"晚辈他日的成就若能有前辈们一半,也就心满意足,但那也全得仰仗前辈们的提携。"

诸葛刚拊掌大笑道:"少庄主真是会说话,难怪龙四爷……"

他笑声突然停顿,目光凝视着厅外。

只见那麻子又已肃容而入,跟着走进来的,是个黑巾黑袍,黑鞋黑袜,背后斜背着柄乌鞘长剑的黑衣人。

他身材高大而魁伟,比那麻子几乎宽了一倍,但看来却丝毫不见臃肿,反而显得很瘦削矫健。

他面上带着种奇异的死灰色,双眉斜飞入鬓,目光睥睨间,傲气逼人,颔下几缕疏疏的胡子,随风飘散。

他整个人看来显得既高傲,又潇洒,既严肃,又不羁。

无论谁只要瞧了他一眼,就知道他绝不会是个平凡的人。

诸葛刚等五人对望了一眼,似乎也都在猜此人的来历。

那穿红衣裳的孩子早已迎下石阶,抱拳笑道:"大驾光临，蓬荜生辉，晚辈龙小云……"

黑衣人上下打量了他一眼，截口道："你就是龙啸云的儿子？"

龙小云躬身道："正是，前辈想必是家父的故交，不知高姓大名？"

黑衣人淡淡道："我的名姓说出来你也不会知道。"

他大步走上石阶，昂然入厅。

诸葛刚等五人也站起相迎，诸葛刚抱拳笑道："在下……"

他只说了两个字，黑衣人就打断了他的话，道："我知道你们，你们却不必打听我的来历。"

诸葛刚道："可是……"

黑衣人又打断了他的话，冷冷道："我的来意和你们不同，我只是来瞧瞧的。"

诸葛刚展颜笑道："既然如此，那真是再好也没有了，等此间事完，在下等必有谢意。"

黑衣人道："我不管你们，你们也莫要管我，大家互不相涉，为何要谢？"

他找了张椅子坐下，竟闭目养起神来。

诸葛刚等五人又对望了一眼。

高行空微笑道："久闻此间乃江湖第一名园，不知少庄主可否带领在下等到四处去瞧瞧。"

龙小云叹了口气，道："晚辈无能，致使家道中落，庭园荒废……"

高行空正色截口道："山不在高，有仙则名；水不在深,有龙则灵。十年来此间名侠美人高士辈出,纵是三五茅舍,也已是令人大开眼界了。"

龙小云道:"既是如此,各位请。"

"咻"的一声,寒鸦惊起。

一行人穿过小径,漫步而来。

当先带路的是龙小云,走在最后面的就是那黑衣人,他眼睛半张半阖,双手都缩在袖中,神情似乎十分萧索。

龙小云指着远处一片枯萎了的默林,道:"那边就是冷香小筑。"

燕双飞眼中光芒闪动,道:"听说小李探花昔日就住在那里?"

龙小云低下了头,道:"不错。"

燕双飞手掌轻抚着隐在长衫中的飞枪,冷笑着道:"他是飞刀,我是飞枪,有朝一日,若能和他较量较量,倒也是快事。"

黑衣人远远地站着,冷冷道:"你若真能和他较量,那就是怪事了。"

燕双飞霍然转过身,怒目瞪着他。

第三十一章

小李飞刀

龙小云见燕双飞似已怒极,赶紧笑道:"他的飞刀也是凡铁所铸,又不是什么仙兵神器,但江湖中人却说得他就好像传说中的剑仙一样,我有时听了真觉得有些好笑。"

黑衣人淡淡道:"听说他废去了你的武功,你对他想必是一直怀恨在心。"

龙小云笑道:"李大叔本是我的长辈,长辈教训晚辈,晚辈怎敢起怀恨之心,何况一个人不会武功,也未必就不能做大事的,前辈你说是么?"

他笑得是那么无邪。

黄衣人凝视着他,似也看不透这孩子的真面目。

诸葛刚却已拊掌笑道:"有志气,果然有志气!就凭这句话,已不愧为龙四爷的公子。"

龙小云躬身道:"前辈过奖了。"

上官飞忽然道:"听说林仙儿也住在那里的,是么?"

他毕竟是开口了,连龙小云都似觉得有些诧异,赔笑道:"不错。"

上官飞道:"她到哪里去了?"

龙小云道:"林阿姨是在两年前的一个晚上突然失踪的,连自己的衣服首饰都未带走,谁也不知道她去了哪里,有人说,她是被阿飞掳走的,也有人说她已死在阿飞手上。"

上官飞皱了皱眉,闭上嘴再也不说话了。

一行人走过小桥,来到了那小楼前。

诸葛刚目光闪动,似乎对这小楼特别感兴趣。

高行空已问道:"不知这又是什么所在?"

龙小云道:"这就是家母的居处。"

高行空笑道:"在下等本是来向令堂大人拜寿的,不知少庄主可容我等上楼拜见。"

龙小云眼珠子一转,笑道:"家母一向不愿见客,待晚辈先上去说一句好么?"

高行空道:"请。"

龙小云慢慢地走上楼,身形竟已有些佝偻,全无少年人的活泼之态。

高行空等他上了楼,才低声冷笑道:"这孩子鬼得很,长大了倒真不得了。"

唐独笑道:"像他这样的小孩子,能活得长才是怪事。"

诸葛刚面上笑容已不见,沉声道:"你认清楚了就是这地方么?"

高行空声音压得更低,道:"我已将昨夜来的那封信仔细研究过数次，李家的宝藏，就在这小楼里，据说他们数代高官，珍宝聚集之丰，天下无人能及。"

他一面说话，一面用眼角瞟着那黑衣人。

黑衣人远远地站在那里，正低着头在看草丛中两只蟋蟀相斗，似乎根本未注意他们在说话。

诸葛刚眼睛发着光，道："珍宝倒还是小事，但老李探花的古玩字画，和小李探花的武功秘籍，却是帮主志在必得的，你我今日万万不可空手而回。"

高行空点头，龙小云已走下了楼。

诸葛刚立刻展颜而笑，道："令堂大人可曾答应了么？"

龙小云面上带着诧异之色，摇着头道："家母不在楼上。"

诸葛刚淡淡皱了皱眉，道："到哪里去了？"

龙小云道："晚辈也在奇怪，家母一向很少下楼的。"

诸葛刚道："既是如此，想必就会回来的，我们上楼去等她吧。"

只见三个黄衫人快步奔了过来，道："待属下等先上去打扫打扫，再请堂主上楼。"

这三人本来站得比那黑衣人还远，此刻飞步而来，龙小云似乎想阻拦，又不敢阻拦，终于还是让开了路。

诸葛刚沉吟着，挥手道："你们先上去瞧瞧也好，只不过……"

他话还未说完，三个黄衫人脚步还未停，小楼忽然跃下了一条人影，人在空中，手里的长鞭已挥出。

只听"呼"的一声，三丈长鞭忽然抖出了三个圆圈，不偏不倚恰巧套上了这三人的脖子。

长鞭一松，"咯"的一声，又松开。

第一人连声音都未发出，就已倒了下去，头颅软软地歪在一边，脖子竟已生生被长鞭勒断了。

第二人惨呼了一声，仰天跌倒，舌头已吐出来，双眼怒凸，急剧地喘息了几声，终于还是断了气。

第三人手掩着咽喉，奔出数步，才扑面跌倒，身子不停地在地上颤动着，喉咙里发出了一连串咯咯之声。

他侥幸还未死，却比死还要痛苦十倍。

自小楼上掠下的人这时才飘落下地，一张枯瘦蜡黄的马脸上，带着比巴掌还大的一块青记，赫然正是"鞭神"西门柔。

他一鞭挥出，就有三人倒地，连诸葛刚都不禁为之悚然动容。

只有那黑衣人面上却露出不屑之色，淡淡道："鞭神蛇鞭原来也不过如此。"

他仰起头，长长叹了口气，意兴似乎更萧索。

他似乎觉得很失望。

要知西门柔这一鞭力道若是用足，那三人便得立刻同时死在他鞭下，但此刻三人死时既有先后，死法也不一样，显见西门柔这一鞭力量拿捏得还未能恰到好处，是以鞭上的力道分布不匀，火候还差了半分。

诸葛刚眼睛亮了，阴恻恻笑道："西门柔，昨夜你侥幸逃脱，今日看你还能逃得了么？"

西门柔铁青着脸，掌中蛇鞭突又飞出。

这一鞭来得无声无息，直到鞭梢卷到后，才听到"哧"的一声急响，显见他这一鞭速度之快，犹在声音之上。

就在这时，诸葛刚身子突然倒翻而起，铁拐凌空迎上了长鞭，鞭梢反卷，立刻毒蛇般将铁拐卷住。

只听"笃"的一声，铁拐插入地下。

诸葛刚单足朝天，倒立在铁拐上，整个人忽然有如陀螺般旋转起来，铁拐也围着他转。

缠在铁拐上的长鞭，愈缠愈紧，愈卷愈短，西门柔的人也不由自主被拉了过来，三丈长的蛇鞭转瞬间已有大半被卷在铁拐上。

只因西门柔单手挥鞭，诸葛刚却是全身都支在铁拐上，是以西门柔鞭上的力道，无论如何也万万比不上铁拐之强。

他面色由青变红，由红变白，一粒粒汗珠由鼻子两侧沁了出来。

诸葛刚大喝一声，倒立在铁拐上的身子，忽然横扫而出。

这一招看来活脱脱又是一招"横扫千军"，只不过他以人作拐扫出，却以拐作人钉在地上。

铁拐是死的，人却是活的，这一招"横扫千军"被他使出来，实已脱胎换骨，妙到毫巅。

西门柔若将鞭撒手,自然可以避开这一着,只是他以"鞭神"为号,若将长鞭撒手,以后还有何面目见人。

他长鞭若不撒手,只有以剩下的左手硬碰硬去接这一脚,手上的力量怎及脚上强,这一招接下,他这只手势必要被踢碎。

其实若论武功内力,临阵变化,西门柔都绝不在诸葛刚之下,但诸葛刚这一招"横扫千军"却是练来专门对付西门柔的。

西门柔毕竟也是一等一的高手,临危不乱,轻叱一声,身形忽然展动,围着铁拐飞转不停。

他自然是想将缠在铁拐上的长鞭撒出,怎奈诸葛刚却也早已算准了他这一着,足尖一踢,身子如倒扯风旗,也随着旋转起来,足尖始终不离西门柔前胸方寸之间,如影随形,如疽附骨。

这一招变化之生动奇妙,委实无与伦比。

只有那黑衣人却又叹了口气,喃喃道:"金刚铁拐原来也不过如此……"

要知诸葛刚这一招时间部位若真拿捏得分毫不差,这一脚踢出,西门柔便该无处闪避应声倒地。

此刻他这招使得显然还慢了一些,但纵然如此,西门柔已是被逼入死地,危在顷刻。

他身形虽快,但绕着圆圈在外飞转,无论如何也不如圆中心的铁拐急,眼见长鞭已愈收愈短,他若不撒手抛鞭,就得伤在诸葛刚足下。

唐独目光闪动,阴恻恻笑道:"死到临头,又何必再作困兽之争,我来助你一臂之力吧!"

他双手一伸一缩,已撒出了他的独门长刃"螳螂刀",只见惨碧色的光华一闪,交剪般向西门柔后背划了过去。

但他的刀刚挥出,人刚跃起,突然像是被只无形的手迎面击了一拳,整个人突然倒翻而出,仰天跌倒在地上。

他连一声惨叫声还未发出,呼吸已立刻停顿了!因为他咽喉上已插着一把刀!

一把看来并没有什么特别的小刀!

每个人的脸色都变了。

诸葛刚眼角也瞥见了这柄刀,立刻失声道:"小李飞刀!"

这一声唤出,他心神已分,真力已散,身子突然向反方向转动起来,但却已是身不由己。

西门柔手腕一紧,已抽出了他的蛇鞭!

诸葛刚凌空一个翻身,倒掠两丈,"笃"的一声,铁拐落地,他的人也立刻又似钉在地上,稳如泰山。

但他的眼睛却是惊慌不定,只见小楼外已慢慢地走出一个人来。

这人衣衫褴褛,头发蓬乱,看来是那么潦倒,那么憔悴,但他的一双眼睛却比刀还要锐利。

诸葛刚的手紧握铁拐,指节却已因用力而发白,嘎声道:"小李探花?"

这人淡淡笑了笑,道:"不敢。"

"笃"的一声，诸葛刚不由自主又退后了一步，厉声道："你我素无冤仇，你何苦来跟我们作对？"

李寻欢淡淡道："我从不愿和人作对，却也不喜欢别人跟我作对。"

他轻抚着手里的刀锋，悠悠道："这里并没有什么宝藏，各位徒劳往返，我也觉得抱歉得很……各位走的时候，就请将带来的礼物再带走吧。"

诸葛刚、上官飞、高行空，眼睛盯着他手里的刀锋，咽喉里就像是已被件冰冷的东西塞住，再也说不出一句话来。

燕双飞忽然大喝一声，道："我们若不走又待如何？"

李寻欢淡淡一笑，道："奉劝阁下，不如还是走了的好。"

燕双飞厉声道："李寻欢，我早就想和你一较高低了，别人怕你，我燕双飞却不怕你！"

他反手扯开了长衫，露出了前胸两排飞枪。

只见红缨飘飞，枪尖在秋日下闪闪地发着光，就像是两排野兽的牙齿，在等着择人而噬。

李寻欢却连瞧也未瞧他一眼。

燕双飞大喝一声，双手齐挥，转眼间已发出九柄飞枪，但见红缨漫天，还未击到李寻欢面前，突又纷纷掉了下来。

再看燕双飞竟已仰天跌倒，咽喉上赫然已多了柄雪亮的飞刀！

小李飞刀!

谁也未看出这柄刀是何时刺入他咽喉的,但显然就在他双手刚挥出的那一刹那间。

他手上的力量还未完全使出,刀已刺入了他咽喉,是以发出去的飞枪势力也不足,才会半途跌落在地。

好快的刀!

燕双飞双睛怒凸,目中充满了惊疑不信之色,他一直认为自己出手已够快的了,始终不信还有比他更快的。

他死也不信世上竟有如此快的刀!

那黑衣人俯首瞧了瞧燕双飞的尸身,嘴角露出一丝冷笑,淡淡道:"我早已说过,你若能和他较量,那才是怪事,你如今相信了么?"

他缓缓抬起头,凝视着李寻欢一字字道:"小李飞刀果然未令我失望。"

李寻欢道:"阁下是……"

黑衣人打断了他的话,缓缓道:"我久慕小李探花之名,今日相见,却无以为敬……"

他说到这里,突然旋身。

只听"锵"的一声龙吟,剑已出手。

剑身也是乌黑色的,不见光华,但剑一出鞘,森寒的剑气已逼人眉睫。

高行空只觉心头一寒,乌黑的剑已无声息到了他双目之间,森寒的剑气已针一般刺入了他眼睛。

他刚闭上眼睛,疼痛已消失。

他已倒了下去。

诸葛刚只看到铁剑一挥,高行空眉心的血就已箭一般飙出,非但没有招架,也没有闪避。

他了解高行空的武功,也知道高行空绝不是这黑衣人的敌手,但他却不懂高行空为何连闪避都没有闪避。

可是这时他已没有再思索的余地,他只觉一阵砭人肌肤的寒气袭来,当下大喝一声,铁拐带着风声横扫而出。

他号称"横扫千军",以"横扫千军"成名,这一招"横扫千军"使出来,实在是神气十足,威不可当。

黑衣人铁剑反手挥出。

只听"当"的一声,火星四溅,六十三斤的金刚铁拐迎着剑锋便已断成两截,铁剑余势更猛!

诸葛刚但觉面目一寒,也不再有痛苦。

他也倒了下去。

这只不过是顷刻间事,西门柔忽然仰天长叹了一声,黯然道:"看来今日之江湖,已无我西门柔争雄之地了……"

他跺了跺脚,冲天掠过,只一闪便已消失在屋脊后。

他身形刚掠起,上官飞身形也展动。

就在这时,剑气已扑面而来。

上官飞长啸一声,掌中子母钢环突出。

又是"叮"的一声,火星四溅,钢环竟将铁剑生生夹住。

黑衣人轻叱道:"好!"

"好"字出口,他铁剑一横,钢环齐断。

剑已逼住了上官飞咽喉。

上官飞闭上了眼睛,面上仍是冷冷淡淡,全无表情,这少年的心肠就像是铁石所铸,既不知道什么是惊慌,也不知道什么是恐惧。

黑衣人盯着他,冷冷道:"你可是上官金虹的门下弟子?"

上官飞点了点头。

黑衣人道:"我剑下本来从无活口,但你年纪轻轻,能接我一剑也算不易……"

他平转剑锋,轻轻在上官飞肩头一拍,道:"饶你去吧!"

上官飞还是站着不动,缓缓张开了眼睛,瞪着黑衣人道:"你虽不杀我,但有句话我却要对你说明。"

黑衣人道:"你说。"

上官飞一字字道:"今日你虽放了我,他日我却必报此仇,到那时我绝不会放过你!"

黑衣人突然仰天大笑起来,道:"好,果然不愧是上官金虹的儿子……"

他笑声骤然停顿,瞪着上官飞道:"他日你若能令我死在你手上,我非但绝不怪你,而且还会引以为傲,因为毕竟没有看错了人。"

上官飞面上仍然毫无表情,道:"既是如此,在下就告辞了!"

黑衣人挥手道:"你好好干去吧,我等着你!"

上官飞目光凝视着他,慢慢躬身一揖,慢慢地转过身……

黑衣人突又喝道："且慢！"

上官飞慢慢地停下了脚步。

黑衣人道："你记着，今日我放你，并非因为你是上官金虹之子，而是因为你自己！"

上官飞没有回头，也没有说话，慢慢地走了出去。

黑衣人目送着上官飞的背影，良久良久，才转过身面对着李寻欢，以剑尖指着地上的两具尸身，淡淡道："今日相见，无以为敬，谨以此二人为敬，聊表寸心。"

李寻欢沉默着，凝视着他掌中铁剑，忽然道："嵩阳铁剑？"

黑衣人道："正是郭嵩阳。"

李寻欢长长叹了口气，道："嵩阳铁剑果然名下无虚！"

郭嵩阳也俯首凝视着自己掌中的铁剑，缓缓道："却不知嵩阳铁剑比起小李飞刀又如何？"

李寻欢淡淡一笑，道："我倒不想知道这答案。"

郭嵩阳道："为什么？"

李寻欢道："因为……你我无论谁想知道这答案，只怕都要后悔的。"

郭嵩阳霍然抬头。

他灰色的脸上，似已起了种激动的红晕，大声道："但这件事迟早还是要弄明白的，是么？"

李寻欢长叹着，喃喃道："我只希望愈迟愈好……"

郭嵩阳厉声道："我倒希望愈早愈好。"

李寻欢道:"哦?"

郭嵩阳道:"你我一日不分高下,我就一日不能安心。"

李寻欢沉默了许久,才又叹了口气,道:"你想在什么时候?"

郭嵩阳道:"就在今日!"

李寻欢道:"就在此地?"

郭嵩阳目光一扫,冷笑道:"此间本是你的旧居,我若在此地与你交手,已被你先占了地利。"

李寻欢微笑着点了点头,道:"不错,就凭这句话,阁下已不愧为绝顶高手。"

郭嵩阳道:"但时间既已由我来选,地方便该由你来决定。"

李寻欢笑了笑,道:"那倒也不必。"

郭嵩阳也沉默了许久,才断然道:"好,既是如此,请随我来!"

李寻欢道:"请。"

他走了两步,却又忍不住回头向小楼上望了一眼。

他这才发现龙小云一直在狠狠地盯着他,目中充满了怨毒之色。

郭嵩阳的铁剑无论多神妙,诸葛刚无论死得多么惨,都未能使这孩子的目光移开片刻。

但李寻欢一看到他,他立刻就笑了,躬身道:"李大叔,你老人家好。"

李寻欢暗中叹息了一声,微笑着道:"你好。"

龙小云道:"家母时时刻刻在惦记着你老人家,大叔你也该常来看看我们才是。"

李寻欢苦笑着点了点头。

这孩子的话,常常都使他不知该如何回答才好。

龙小云眼珠子一转,突然拉住了他的衣袖,悄声道:"那人看样子很凶恶,大叔还是莫要跟他去吧。"

李寻欢苦笑道:"你长大了就会知道,有些事你纵然不愿意去做,却也非做不可的。"

龙小云道:"可是……可是……大叔你若万一有个三长两短,还有谁会来保护我们母子两人呢?"

李寻欢似乎突然怔住了。

也不知过了多久,他再次抬起头来的时候,才发现林诗音不知何时已出现在楼头,正俯首凝视着他们。

她目中虽有叙不尽的怨苦,却又带着些欣慰之色。

她的爱子终于和李寻欢和好了,而且看来还如此亲密,世上还有什么更令她觉得高兴的事呢?

李寻欢只觉心里一阵刺痛,竟不敢再抬头。

龙小云已高声唤道:"妈,你看,李大叔刚来就要走了。"

林诗音勉强笑了笑,道:"李大叔有事,他……他不能不走的。"

她的笑容看来是那么凄凉,那么幽怨,李寻欢此刻若是抬头看到,他的心只怕要碎了。

龙小云道:"妈,你难道没有什么话要跟李大叔说么?"

林诗音的嘴唇轻轻颤抖着，道："有什么话等他回来时再说也不迟。"

龙小云嘟起了嘴，眨着眼道："我看……李大叔这一去，只怕就再也回不来了。"

林诗音轻叱道："胡说，快上来，让李大叔走。"

龙小云终于点了点头，缓缓放开李寻欢的衣袖，垂首道："好，大叔你走吧，也不必再记挂我们，我母子反正是无依无靠惯了，谁都不必为我们担心。"

他揉着眼睛，似已在啼哭。

郭嵩阳已走上了小桥头，正抱着手在冷冷地瞧着他们。

李寻欢终于转身走了过去。

他既没有抬头去瞧一眼，也没有说话。

此时此刻，无论说什么都已是多余的，何况，他也根本不知道该说什么，也不敢再看林诗音的眼色。

一个人若用情太专，看来反倒似无情了。

直到他走远，龙小云才抬起头，盯着他的背影，目中充满了怨毒之意，嘴角也带着种恶毒的微笑，喃喃道："我知道你现在心里一定很难受，我就是要你难受，无论谁像你这样的心情时还要去跟郭嵩阳这样的高手决斗，实无异自寻死路！"

墙外的秋色似乎比墙内更浓。

郭嵩阳双手缩在衣袖中，慢慢地在前面走着。

李寻欢默默地跟在他身后。

路很长，窄而曲折，也不知尽头处在哪里。

秋风瑟瑟，路旁的草色已枯黄。

郭嵩阳走得虽慢，步子却很大。

李寻欢目光凝视着他的脚步，似已看得出神。

路上的土质很松，郭嵩阳每走一步，就留下个浅浅的脚印，每个脚步的深浅都完全一样。

每个脚步间的距离也完全一样。

他看来虽似在漫不经心地走着，其实却正在暗中催动着身体里的内力，他的手足四肢已完全协调。

是以他每一步踏出，都绝不会差错分毫。

等他的内力催动到极致，身体四肢的配合协调也到了巅峰时，他立刻就会停下来——

那就是路的尽头。

第三十二章

知己仇敌

到了那里,他们两人中就有一人的生命也到了尽头!

李寻欢很明白这点。

郭嵩阳的确是很可怕的对手。

李寻欢这一生中,也许直到今天才遇着个真正的对手!

每个练武的人,武功练到巅峰时,都会觉得很寂寞,因为到了那时,他就很难再找到一个真正的对手。

所以有人不惜"求败",因为他觉得只要能遇着一个真正的对手,纵然败了,也是愉快的。

但李寻欢此刻的心情却一点也不愉快。

他的心乱极了。

他知道以自己此刻这种心情,去和郭嵩阳这样的对手决斗,胜算实不多,自己这一去,能回来的机会只怕很少。

这条路的尽头处,也许就是他生命的尽头处!

这条路也许就是他的死路!

他并不怕死,可是他现在能死么?

四野愈来愈空旷,远远可以望见一片枫林。

枫叶红如血。

"难道那就是路的尽头?"

郭嵩阳的步子愈来愈大,留下来的脚印却愈来愈淡了,显见他身体内外一切都已渐渐到达巅峰。

到那时,他的精神、内力、肉体,都将和他的剑融而为一,他的剑就不再是无知的钢铁,而有了灵性。

到那时,他一剑刺出,必将是无坚不摧、势不可当的。

李寻欢突然停下了脚步。

他并没有说话,也没有发出丝毫声音,但郭嵩阳却已感觉到了,他的精神已进入虚明,已浑然忘我。

天地间万事万物的变化,都再也逃不出他的耳目。

他没有回头,一字字道:"就在这里?"

李寻欢沉默了很久,缓缓道:"今天……我不能和你交手!"

郭嵩阳霍然转过身,目光刀一般瞪着李寻欢,厉声道:"你说什么?"

李寻欢垂下了头,心在刺痛着。

他知道到了这时再说"不能交手",实无异临阵脱逃,这种事他本来宁死也不肯做的。

但现在却非做不可。

郭嵩阳厉声道:"你说你不能和我交手?"

李寻欢无言地点了点头。

郭嵩阳道:"为什么?"

李寻欢长长地叹了口气，道："我承认败了！"

郭嵩阳睁大了眼睛，瞪着他，就像是从未见过这个人似的。

良久良久，郭嵩阳忽也长长叹息了一声，道："李寻欢，李寻欢，你果然不愧为当世的英雄！"

李寻欢黯然笑一笑，道："英雄？像我这样的人能算是英雄？"

郭嵩阳摇了摇头，叹息着道："普天之下，也许只有你才能算得上是英雄！"

李寻欢还没有说话，郭嵩阳已接着道："你说你已承认败了，是么……但我却知道一个人肯认输时需要多大的勇气，这句话我也许宁死也不愿说的。"

他笑了笑，又接着道："但死却容易多了，能为了别人而宁可自己认输，自己受委屈，这才是真正的英雄！真正的男子汉！"

李寻欢嗄声道："你……"

他只觉心头激动，不能自已，只说一个字喉咙就似已被塞住。

郭嵩阳道："我很了解你，你说你不能和我交手，只因你觉得你自己现在还不能死，你知道还有人需要你照顾，你不能抛下她不管！"

李寻欢黯然无言，热泪几乎已将夺眶而出。

一个最可靠的朋友，固然往往是你最可怕的仇敌，但一个可怕的对手，往往也会是你最知心的朋友。

因为有资格做你对手的人，才有资格做你的知己。

因为只有这种人才能了解你。

李寻欢心里也不知是高兴,是难受,还是感激,只不过无论是哪种感情,都是他无法说出口来的。

郭嵩阳忽然又道:"但我今日还是非和你交手不可!"

李寻欢愣了愣,道:"为什么?"

郭嵩阳淡淡一笑,道:"普天之下,又有几个李寻欢?今日我若不与你交手,他日再想找你这样对手,只怕是永远找不到的了!"

李寻欢缓缓道:"只要此间事了,阁下他日相邀,我随时奉陪。"

郭嵩阳摇了摇头,道:"到那时,你我只怕更无法交手了。"

李寻欢道:"为什么?"

郭嵩阳目光移向远方,远方天上,正有朵白云冉冉飘动。

他面上带着一丝黯淡的微笑,一字字道:"到那时,你我说不定已成了朋友!"

李寻欢沉默了很久,黯然道:"宁可与我为敌,却不愿做我的朋友?"

郭嵩阳沉下了脸,厉声道:"郭某此生已献与武道,哪有余力再交朋友?何况……"

他语声又渐渐和缓,接着道:"朋友易得,能肝胆相照的对手却无处可寻……"

这"肝胆相照"四字,本是用来形容朋友的,他此刻却用来形容仇敌,若是别人听到,非但难以明了,只怕还会发笑。

但李寻欢却很了解他的意思。

郭嵩阳道:"放眼天下,能与我一决生死的对手,自然不止你一人,但武力纵然强胜我十倍的人,我也未必放在眼里,若要我死在他们手上,更是心有不甘!"

李寻欢叹道:"不错,要找个能令你尊敬的朋友并不困难,要找个能令你尊敬的仇敌却太难了。"

郭嵩阳厉声道:"正是如此,是以今日你我一战,势在必行,郭嵩阳今日纵然死于你手,亦是死而无憾!"

李寻欢黯然道:"可是我……"

郭嵩阳扬手打断了他的话,道:"你的意思我都了解,今日你若不幸战死,你的未了心愿,我必替你完成,你所要保护的人,我绝不容许他人伤及她毫发。"

李寻欢长揖到地,肃然道:"得此一言,李寻欢死有何憾……多谢!"

他生平从未向人说过"谢"字,此刻这"多谢"二字却是发自心底。

郭嵩阳也还了一揖,肃然道:"多谢成全,请!"

李寻欢道:"请!"

朋友间能互相尊敬,固然可贵,但仇敌间的敬意却往往更难得,也更令人感动。

只可惜这种情感永远是别人最难了解的!

也许就因为它难以了解,所以才更弥足珍贵。

风吹过,卷起了漫天红叶。

枫林里的秋色似乎比林外更浓了。

剑气袭人,天地间充满了凄凉肃杀之意。

郭嵩阳反手拔剑,平举当胸,目光始终不离李寻欢的手。

他知道这是只可怕的手。

李寻欢此刻已像是变了个人似的,他头发虽然是那么蓬乱,衣衫虽仍那么褴褛,但看来已不再潦倒,不再憔悴。

他憔悴的脸上已焕发出一种耀眼的光辉。

这两年来,他就像是一柄被藏在匣中的剑,韬光养晦,锋芒不露,所以没有人能看到它灿烂的光华。

此刻剑已出匣了。

他的手伸出,手里已多了柄刀!

一刀封喉,例无虚发的小李飞刀!

风更急,穿林而过,带着一阵阵凄厉的呼啸声。

郭嵩阳铁剑迎风挥出,一道乌黑的寒光直取李寻欢咽喉,剑还未到,森寒的剑气已刺碎了西风。

李寻欢脚步一溜,后退了七尺,背脊已贴上了一棵树干。

郭嵩阳铁剑已随着变招,笔直刺出。

李寻欢退无可退,身子忽然沿着树干滑了上去。

郭嵩阳长啸一声,冲天飞起,铁剑也化作了一道飞虹。

他的人与剑已合而为一。

逼人的剑气，摧得枝头的红叶都飘飘落下。

离枝的红叶又被剑气所摧，碎成无数片，看来就宛如满天血雨。

这景象凄绝。亦艳绝。

李寻欢双臂一振，已掠过了剑气飞虹，随着红叶飘落。

郭嵩阳长啸不绝，凌空倒翻，一剑长虹突然化作了无数光影，向李寻欢当头洒了下来。

这一剑之威，已足以震散人的魂魄！

李寻欢周围方圆三丈之内，都已在他剑气笼罩之下，无论任何方向闪避，都似已闪避不开的了。

只听"叮"的一声，火星四溅。

李寻欢手里的小刀，竟不偏不倚迎上了剑锋。

就在这一瞬间，满天剑气突然消失无影，血雨般的枫叶却还未落下，郭嵩阳木立在血雨中。

他的剑仍平举当胸。

李寻欢的刀也还在手中，刀锋却已被铁剑折断！

他静静地望着郭嵩阳，郭嵩阳也静静地望着他。

两个人面上都全无丝毫表情。

但两个人心里都知道，李寻欢这一刀已无法再出手。

小李飞刀，急如闪电，就因为刀锋破风，其势方急，此刻刀锋既已折断，速度便要大受影响。

这柄刀纵然出手，也是无法伤人的了。

常胜不败的小李飞刀，此刻竟是有败无胜。

李寻欢的手缓缓垂下。

最后的一点枫叶碎片也已落下。枫林中又恢复了静寂。

死一般的静寂。

郭嵩阳长长叹息了一声,慢慢地插剑入鞘。

他面上虽仍无表情,目中却带着种萧索之意,黯然道:"我败了!"

李寻欢道:"谁说你败了?"

郭嵩阳道:"我承认败了!"

他黯然一笑,缓缓接着道:"这句话我本来以为死也不肯说的,现在说出了,心里反觉痛快得很,痛快得很,痛快得很……"

他一连说了三遍,忽然仰天而笑。

凄凉的笑声中,他已转身大步走出枫林。

李寻欢目送他远去,又弯下腰不停地咳嗽起来。

就在这时,突然一人拍手道:"了不起,了不起,实在太了不起……"

声音清脆,如出谷黄莺。

李寻欢抬起头,就看到一个梳着大辫子的小姑娘穿林而来,竟是那说书老人的孙女儿。

她连那双动人的大眼睛里都带着笑意,道:"能看到两位今日一战,连我也死而无憾的了!"

李寻欢也许还没有说话的心情,所以只笑了笑。

辫子姑娘道:"昔日帝王谷主萧王孙与蓝大先生战于泰山绝顶,蓝大先生持百斤大铁锥,萧王孙用的却是根衣带,他以至柔敌至刚,与蓝大先生恶战一昼夜,据说天地皆为之变色,日月也失却光彩。"

她娇笑道："你说这一战精彩不精彩？"

李寻欢微笑道："听姑娘说得如此生动，我几乎也像是到了泰山绝顶，得见帝王谷主与蓝大先生的雄风，实在是精彩极了。"

辫子姑娘抿嘴笑道："想不到你说的话比你的飞刀还要厉害得多。"

李寻欢道："哦？"

辫子姑娘娇笑道："你一剑虽然可以要人的命，但你只要说一句话，却可令女孩子们将心都交给你，要女人的心，岂非比要男人的命困难多了么？"

她用那双勾魂摄魄的大眼睛瞟着他，连李寻欢都已觉得有些受不了，他从未想到这小姑娘竟如此"可怕"。

幸好辫子姑娘已接着道："昔年'水母'阴姬号称天下第一高手，但'侠盗'楚留香的胆子却比天还大，竟直闯神水宫，独斗阴姬。两人由地上打到水里，再由水里打到半空，'水母'阴姬的武功虽无敌，到最后还是被楚留香打败了！"

她又娇笑着问道："你说这一战精彩不精彩？"

李寻欢不敢再多话，点头笑道："精彩极了。"

辫子姑娘道："这些战役虽然惊天动地，而且还能名留千古，但比起两位方才那一战来，却还是差得远了。"

李寻欢笑道："我一向不是个谦虚的人，却也有自知之明，姑娘也未免太过奖了吧。"

辫子姑娘正色道："我说的是真话，你本有三次机会可致郭嵩阳的死命，但却都未出手，到后来你杀气已竭，刀锋已折，郭嵩阳说不定已可将你置于死地，但他却心甘情愿地认败服输了……"

她轻轻叹了口气，接着道："像你们这样，才真正是男子汉大丈夫，才真正无愧于英雄本色，你若一刀杀了他，他若一刀杀了你，你们的武功就算再高，我也不会瞧在眼里。"

李寻欢默然半晌，长叹道："郭嵩阳的确不愧为真英雄！"

辫子姑娘道："你呢？"

李寻欢苦笑着摇了摇头，道："我？……我又算得了什么！"

辫子姑娘眼珠子一转，道："我问你，他第一剑挥出，用的是什么招式？"

李寻欢道："风卷流云。"

辫子姑娘道："第二招呢？"

李寻欢道："流星追月。"

辫子姑娘道："他由第一招'风卷流云'，变为第二招'流星追月'时，变化太急，是以剑法中就有了破隙，你的飞刀若在那一刹那间出手，是不是立刻可以要他的命？"

李寻欢不说话了。

第三十三章

惊人之语

辫子姑娘道:"这是你错过杀他的第一次机会,你还要不要我再说第二次?"

李寻欢苦笑道:"不说也罢。"

辫子姑娘冷笑道:"别人都说李寻欢是个真正的男人,想不到原来也有些娘娘腔。"

李寻欢平生也挨过不少骂,但被人骂作"娘娘腔",这倒还真是生平第一次,他实在有些哭笑不得。

辫子姑娘的大眼睛瞅着他,道:"你既然没话说,为什么不咳嗽呢?"

李寻欢叹了口气,道:"姑娘目光如炬,想必也是位高人,我倒失敬了。"

辫子姑娘又嫣然一笑,抿着嘴道:"你少捧我,我还没有你肩膀那么高,怎么能算是高人?"

李寻欢果然已忍不住咳嗽起来。

辫子姑娘柔声道:"我知道你一向不愿自夸自赞,总是替别人吹嘘,这是你的好处,却也正是你的毛病,一个人既然活着,就不能太委屈自己。"

李寻欢道:"姑娘……"

辫子姑娘嘟起嘴,道:"我既不姓'姑',也不叫作'娘',你为什么总是叫我姑娘。"

李寻欢也笑了,他忽然觉得这女孩子很有趣。

辫子姑娘板着脸道:"我姓孙,叫孙小红,可不是上官金虹那个'虹',而是红黄蓝白那个'红'。"

李寻欢道:"在下李……"

辫子姑娘道:"你的名字我早就知道了,而且早就想找你斗一斗!"

李寻欢愕然道:"斗什么?"

孙小红咯咯笑道:"我自然不会找你斗武功,若论武功,我再练一百年也比不上你,我是想找你斗酒的,我只要听说有人酒量比我好,心里就不服气。"

李寻欢失笑道:"我知道喝酒的人都有这毛病,却想不到你也有同病。"

孙小红道:"只不过我现在找你斗酒,未免占了你的便宜。"

李寻欢道:"为什么?"

孙小红板起了脸,正色道:"你方才和人拼过命,体力自然差些,酒量也未免要打个折扣,喝酒也和比武一样,天时地利人和,这三样是一样也差不得的。"

李寻欢笑道:"就凭你这一句话,已不愧为酒中高手,能与你这样的高手斗酒,醉亦无憾。"

孙小红大眼睛里发出了光,那是种欣喜的光芒,也是种赞赏的光芒,但她的脸却还是故意板着,道:"那么……我既已占了天时,就不能再占地利,这地方就由你来选吧。"

李寻欢忍住了笑,道:"既是如此,请随我来。"

孙小红道:"请!"

黄昏以前,正是一天中生意最清淡的时候。

孙驼子正坐在门口晒太阳。

就在这时候,李寻欢带着孙小红来了,孙驼子再也想不到这两人会凑在一起,而且还有说有笑的。

这两人会成为朋友,倒真是件怪事。

李寻欢故意不去看孙驼子的表情,心里却也觉得好笑,他实在连自己也不知道自己怎会和这位小姑娘交上朋友的。

这位小姑娘说起话来就像是百灵鸟,一开口就叽叽喳喳地说个不停,而且有时简直叫人招架不住。

李寻欢一向认为世上只有两件事最令他头疼。

第一件就是吃饭时忽然发现满桌上的人都是不喝酒的。

第二件就是忽然遇着个多嘴的女人。

这第二件事往往比第一件事更令他头疼十倍。

奇怪的是,他现在非但一点也不觉得头疼,反而觉得很愉快。

大多数酒量好的人,总喜欢有人来找他拼酒的,只要有人来找他拼酒,别的事都可暂时放到一边。

这拼酒的对手若是个漂亮女人,那就更令人愉快了。

一个女人若是又聪明、又漂亮、又会喝酒,就算多嘴些,男人也可以忍受的——但除了这种女人外,别的女人还是少多嘴的好。

一路上,李寻欢已知道,那说书的老头子叫孙白发,就是这位孙小红姑娘的爷爷,她父母很早就死了,一直都是跟着爷爷过活的,祖孙两人相依为命,简直从来也没有一天离开过。

听到这里,李寻欢就忍不住要问她:"那么你爷爷现在为何没有在你身边呢?"

孙小红这次的回答倒很简单。她说:"我爷爷到城外接人去了。"

李寻欢本来还想问她:"接人为何要到城外去接?"

"接的人是谁?"

"既然只不过是去接人,为什么不带你去?"

但李寻欢一向很识相,也一向不愿被人看成是个多嘴的男人——和孙小红在一起,也根本就没有机会让他多嘴。

她好像存心不让李寻欢再问第二句话,已抢着先问他:

"小李飞刀,例不虚发,你这手飞刀是怎么练出来的呢?

"听说你有个好朋友叫阿飞,他出手之快,也和你差不多,但现在他已忽然失踪了,你知不知道他在哪里?

"你也失踪了两年,江湖中谁也想不到你原来一直躲在孙驼子的小店里,你为什么要躲在那里?

"现在你行藏既露,以后来找你的人一定不少,你是不是还打算留在这里?如果你想走,又要去哪里?

"梅花盗究竟是什么人?

"他已有两年未露面,是不是已被人除去了?

"他是被谁除去的?是不是你?"

孙小红问的这些话,李寻欢一句也没有答复——有些话固然是他不愿回答的,有些话却连他自己也不知该如何回答。

他早已猜出林仙儿就是梅花盗。

他也早已知道阿飞是绝不忍向林仙儿下手的。

那天,他还是让阿飞去了,他知道这少年的外表虽冷酷,但心里面却蕴藏像火一般的热情。

他知道阿飞必定是带着林仙儿走了。

但他们到哪里去了呢?

林仙儿以后是不是会洗心革面,重新做人?

林仙儿是不是真的会对阿飞生出感情?

想起这些问题,李寻欢就不免要叹息。

他也不知道今后自己该怎么打算。

直到了孙驼子的小店,坐了下去,他才暂时停止去想这些令他烦恼的事,因为这时酒已摆到他面前。

孙小红一直在瞅着他,眼睛里带着温柔的笑意。仿佛她不但很欣赏这个人,也很了解这个人。

李寻欢抬起头,接触到她的温柔的眼光。

他的心居然跳了跳。

孙小红嫣然笑道:"现在我们可以开始拼酒了么?"

李寻欢道:"好。"

孙小红眼波流动,道:"那么,你说我们该如何拼法?"

李寻欢道:"拼酒难道还有许多种方法?"

孙小红道:"当然了,你不知道?"

李寻欢笑道:"我只知道一种方法,那就是大家都把酒喝到肚子里去,谁喝的酒先在肚子里造反,谁就输了。"

孙小红"扑哧"一笑,又忍住,摇着头道:"如此看来,你喝酒的学问还是不够。"

李寻欢道:"哦?"

孙小红道:"拼酒有文拼,有武拼。"

李寻欢道:"文拼是如何拼法?武拼又是如何拼法?"

孙小红道:"你刚刚说的法子,就是武拼,那简直就是牛饮。"

李寻欢道:"牛饮?"

孙小红道:"大家直着脖子,把酒拼命往嘴里倒,不是牛饮是什么?"

李寻欢笑道:"不把酒往嘴里倒,难道往耳朵里倒?"

孙小红笑也不笑,板着脸道:"你要真能用耳朵喝酒,我倒真比不过你,只好算你赢了。"

李寻欢笑道:"用耳朵喝酒太慢,我可没那么斯文。"

孙小红道:"我一个女孩子,怎么能跟你武拼,但文拼也有许多种,你可以随便选一种。"

李寻欢道:"有哪几种?"

孙小红道:"有猜拳行令,击鼓传花,但这些法子都太俗气,像我们这种人拼酒,自然不能用这么俗气的法子。"

李寻欢道:"如此说来,还剩下几种法子来让我选呢?"

孙小红道:"只剩下一种法子。"

李寻欢忍不住笑了。

孙小红自己也忍不住笑了,嫣然道:"虽然只剩下一种法子,但这种法子不但最新奇,也最有趣,就算有一万种法子,你也一定会选这种的。"

李寻欢笑道:"酒已在桌上,我只想快点喝下去,用什么法子都无妨。"

孙小红道:"好,你听着,这法子其实也简单得很。"

李寻欢只好听着。

孙小红道:"我问你一句话,你若能回答,就算你赢了,我就得喝一大杯。"

李寻欢道:"我若答不出,就算输了么?"

孙小红道:"你就算回答不出,也不算输,直到我将自己问的这问题回答出来,你才算输。"

她嫣然一笑,接着道:"你说这法子公平不公平?好不好?"

李寻欢沉吟着,道:"我若输了,就轮到我来问你了,是吗?"

孙小红摇头道:"不对,赢的人可以一直问下去,直到输为止。"

李寻欢笑道:"你若一直问我些你的私人琐事,我岂非要一直输到底。"

孙小红也笑了,道:"我当然不能问你那些话,我若问你,我母亲是谁?我兄弟有几人?我有几岁?……你当然不知道。"

李寻欢道:"那么,你准备问些什么呢?"

孙小红道:"只要拼酒一开始,你就可以听到我要问些什么。"

李寻欢拿起杯酒,笑道:"我已在准备输了。"

孙小红笑道:"好,你听着,我现在就开始问你第一句话。"

她忽然敛去了笑容,目光凝视着李寻欢,一字字道:"你知不知道那封信是谁写的?"

这句话实在问得很惊人!

李寻欢的眼睛立刻亮了,失声道:"我不知道……你难道知道?"

孙小红淡淡一笑,道:"我若不知道,就不会问你了,写那封信的人就是……"

她故意停住语声,停了很久,才缓缓接着道:"就是林仙儿!"

这问题的回答更惊人!

李寻欢虽然一向很沉得住气,此刻也不禁悚然动容,道:"你怎么知道是她?"

孙小红悠然道:"现在还未轮到你问我,先喝了这杯酒再说吧!"

李寻欢立刻将杯中酒一饮而尽。

孙小红道:"你可知道阿飞现在的情况?"

李寻欢道:"不知道。"

孙小红道:"他虽然还是和林仙儿在一起,但林仙儿做的事,他却完全被蒙在鼓里。"

李寻欢急着问道:"他……他现在何处?"

孙小红摇着,叹着气道:"你怎么如此性急,等你赢了时再问也不迟呀。"

李寻欢只好将第二杯酒也喝了下去,这杯子比碗还大,他喝得比平时更快,因为他急着要听第三个问题。

孙小红道:"你可知道林仙儿为何要写那封信?"

李寻欢道:"不知道。"

他虽已隐约地猜出了林仙儿的目的,却还是无法确定。

孙小红道:"因为她知道只要有人想对龙夫人林诗音不利,你就一定会挺身而出的,她要诱你现身,再找人找你!因为她一直将你当作最大的对头,最怕的是你,最恨的也是你,你若不死,她就不敢出头。"

李寻欢长长叹了口气,喝下第三杯酒。

孙小红道:"你可知道第一个要杀你的人是谁?"

李寻欢苦笑道:"要杀我的人太多了,又岂止一个。"

孙小红道:"但能杀得了你的人却也许只有两三个,第一个就是上官金虹!"

这回答并未出李寻欢意料,他喝下第四杯,却又忍不住问道:"他现在来了么?"

第三十四章

惊人的消息

孙小红摇着头笑道:"你看你,老毛病又犯了,还未轮到你问的时候,你偏偏要问。"

她接着又道:"上官金虹这人的脾气,你当然知道,普通的宝藏,自然不能令他动心,这次他怎么会动了心呢?"

李寻欢道:"不知道。"

孙小红道:"因为他听说昔年天下第一位名侠沈浪是令尊的好朋友。"

李寻欢道:"沈大侠的确是先父的道义之交,但他多年前便已买棹东渡,退隐于海外之仙山,却和这件事有何关系?"

孙小红笑道:"我就让你先问一问吧,不然我看你真要憋死了,但你却得先喝三大杯,我才回答你这个问题。"

她仿佛存心想将李寻欢灌醉似的,只不过她的问题实在太惊人,回答更惊人,李寻欢明知要喝醉,也只得喝下去。

孙小红这才接着道："因为他听说沈大侠归隐之前，曾托令尊保管两本书，这两本书就是他毕生所练的武功心法，你只练其中的一本，小李飞刀就已无敌于天下，若是两本都练成，那还得了，所以连上官金虹那样的人也无法不动心了。"

李寻欢怔了半响，苦笑道："若真有这回事，怎会连我自己都不知道？"

孙小红道："我也知道这全是林仙儿造出来的谣言，沈大侠绝世惊才，最了解人心之弱点，又怎会留下什么武功秘籍来让后人争夺。"

她笑了笑，缓缓接着道："就算他有武功秘籍要留下，也不会留在你家，他和令尊既然是道义之交，又怎会在你家留下个祸胎？"

李寻欢叹了口气，道："正是如此。"

孙小红眨着眼，道："我知道你心里一定有很多问题想问我，我若不让你赢一次，你不急死才怪，所以我现在要问你的，你一定能回答得出。"

她眼睛瞅着李寻欢，慢慢地问道："你现在心里头是不是还只有她一个人？甚至不惜为她而死……我说的'她'是谁，你自然知道的。"

李寻欢又怔住了。

他从未想到孙小红会问出这么样一句话来。

无论谁问他这句话，他本绝不会回答的——这是他一生中最痛苦的秘密，也是他最秘密的痛苦。

若有人问他这句话，无异将一把刀刺入他心里。

他实在不懂孙小红为何要问出来。

但孙小红的目光却仍是那么温柔,看不出有丝毫恶意。

少女们大多好奇,她难道也只是为了好奇?

她自然绝不会是为了要伤害李寻欢的,否则她怎会向李寻欢说出那么多秘密?而且每件秘密说出后都只有对李寻欢有利。

但她究竟是谁呢?

她怎么知道那么多秘密?

她的祖父显然也是位风尘异人,"孙白发"看来只不过是他的化名,那么,他本来的名字是什么呢?

他出城去接的是谁?是不是上官金虹?

阿飞和林仙儿究竟藏在哪里?

这许多问题正是李寻欢不惜牺牲一切也得知道的。

李寻欢沉默了很久,终于长长叹息了一声,黯然道:"只道无情却有情,情到浓时情转薄……是无情?是有情?又有谁分得清?又有谁……"

他语声愈来愈低,终于连听也听不清了。

孙小红也长长叹息了一声,幽幽道:"多情自古空余恨,你这又是何苦……又是何苦……"

她声音更低,简直连她自己都听不清。

过了很久,她才忽然举杯一饮而尽,展颜笑道:"这次我认输了,你问吧,你可以继续问下去,但我若能回答,还是算你输,你还是要喝一杯。"

李寻欢沉吟着,问道:"阿飞现在究竟在什么地方？"

孙小红笑了笑，道："我早就知道你第一句要问的就是这句话了，除了'她'之外，阿飞恐怕就是你最关心的人。"

李寻欢叹道："无论谁交到他那种朋友，都无法不关心他的。"

孙小红悠悠笑道："若有人能交到你这种朋友，岂非也一样无法不关心你。"

她笑得似乎有些奇怪，忽然自怀中取出个纸卷，道："这就是阿飞住的地方，你按图寻访，就能找到他。"

李寻欢紧紧握住了这纸卷，道："多谢。"

这是他同一天内第二次说"谢"字。

孙小红盯着他，道："我对你说出了你最切身的秘密，你不谢我，我告诉你是谁要杀你，你也不谢我，现在你为何要谢我？"

李寻欢沉默着。

孙小红道："你纵然不说，我也知道，因为你有了这张图，就可以找到阿飞，你只有找到他，才可能救他，劝他莫要对一个不值得的女人太迷恋，劝他莫要毁了自己，你是为了他才谢我的。"

她笑得仿佛很凄凉，幽幽道："这正如你为了林诗音而谢郭嵩阳一样……你难道永远也不会为了自己说个'谢'字么？"

李寻欢还是沉默着。

孙小红凝视着他，目光更温柔，轻轻叹息着道："我爷爷常说，一个人若是总不为自己着想，活着也未免太可怜了。"

李寻欢忽然笑了笑，淡淡道："一个人若总是为自己着想，活着岂非更可怜？"

孙小红也沉默了起来。

她仔细咀嚼着李寻欢这两句话中的滋味，过了很久，嘴角才渐渐露出一丝温柔的微笑。

一个人若总是为自己着想，活着也实在无趣得很。

李寻欢又喝了杯酒，道："孙老爷子出城去接人，却不知接的是谁？"

孙小红目光闪动，道："其实他并不是去接人，而是去送人的。"

李寻欢道："送人？送谁？"

孙小红一字字道："上官金虹！"

这回答又使李寻欢怔住了。

他忍不住追问道："上官金虹根本还未入城，怎会就要走了？"

孙小红眨着眼，笑道："我爷爷既然是专程去送他的，他怎么好意思不走？"

李寻欢道："莫非孙老爷子……"

他又弯下腰去咳嗽起来。

一弯下腰，他就忽然觉得一阵酒意上涌，头竟有些晕了。

孙驼子一直远远地站着，此刻忍不住走过来，皱着眉道："你今天喝得太多，也太快，有什么话，还是留到明天再问吧。"

李寻欢摇了摇头，笑道："你可知道上官金虹这个人么？"

孙驼子道："我不知道，我也不喝酒。"

李寻欢大笑道："你又没有跟我们拼酒，这杯酒你自然用不着喝的。"

孙驼子看着他，眼睛都发了直，好像从来未见过这个人似的，因为他从未看到这人如此大笑过。

他也想不到这人居然也会如此大笑。

李寻欢已接着道："但我却可以告诉你，上官金虹自命是天下第一高手，一向眼高于顶，目空一切，从来也不肯买任何人的账，这次却买了孙老先生的帐，那么你猜，这孙老先生会是什么样的人呢？"

孙驼子道："我猜不出。"

李寻欢道："我也猜不出，所以我一定要问，非问明白不可。"

孙驼子道："你问得太多，所以你一定要醉了，非醉不可。"

李寻欢笑道："醉了又有什么不好？人生难得几回醉……"

他又举起了酒杯，道："孙姑娘，我问你，孙老爷子究竟是谁？"

孙小红笑道："孙老爷子就是我父亲的父亲，我自己的爷爷。"

李寻欢大笑道："不错不错，这回答简直正确极了……"

他又将杯中酒一饮而尽。

喝完了这杯酒,他目光已蒙眬,喃喃道:"我还有句话要问你。"

孙小红的眼睛却亮得很,微笑着道:"趁你还未醉的时候,赶快问吧!"

李寻欢道:"我问你,你为何一心想要灌醉我?为什么?"

孙小红替他将酒杯倒满,才含笑道:"因为我本来就是要跟你拼酒的,自然要将你灌倒。每个喝酒的人希望别人比自己先醉倒,你说对不对?"

李寻欢道:"对,对,对,对极了……"

喝完了这杯酒,他终于伏倒在桌上。

这次他真的醉了。

孙小红和孙驼子两个人都没有话说,只是静静地看着李寻欢,仿佛还要看他是真醉,还是假醉。

天已经黑了。

孙驼子掌起了灯,喃喃道:"吃晚饭的时候到了,只怕又有客人要上门……"

他嘴里说着话,忽然走过去,将两扇门板上了起来,又加起了木栓,好像不准备做生意了,也不准备让孙小红出去。

孙小红居然也没有说话。

门板很重,孙驼子上门时本来一向很吃力,但今天他力气好像忽然变大了十倍,搬起门板来就好像在搬一根稻草似的,一点也不费力。

孙小红忽然又笑了,道:"别人都说二叔你是天生神力,偏偏只有我到今天才见到……"

孙驼子转过头,皱着眉道:"谁是你的二叔?姑娘你莫非也醉了。"

孙小红吃吃笑道:"二叔装得真像,但现在又何必还要装呢?"

孙驼子瞪了她一眼,目中突然有寒光暴射而出。

这双眼睛哪里还是孙驼子的眼睛?

李寻欢若是看到这双眼睛,心里也一定会佩服得很,因为他们朝夕相处了将近两年,李寻欢竟也未看出这驼子的真面目。

只可惜李寻欢现在什么也瞧不见了。

孙小红道:"我知道他今天是真的醉了,绝不是装醉。"

孙驼子沉声道:"但你可知道他的酒量?他怎会醉得这么快?"

孙小红道:"二叔你这就不懂了,一个人喝酒时的心情若不好,体力又差,就算他酒量再好,也很容易被人灌醉的。"

孙驼子道:"你为何要灌醉他?"

孙小红道:"二叔你也不知道?这是爷爷的吩咐呀。"

孙驼子道:"哦?"

孙小红道:"他现在行踪已露,要找他麻烦的人也不知有多少,这两天就要接二连三地来了,所以爷爷就想将他带到别的地方去避一避风头。"

她叹了口气,接着道:"但二叔你也该知道他的脾气,若不灌醉他,怎么能把他带得走?"

孙驼子"哼"了一声,道:"老实说,你爷爷做的事,我实在有点不懂。"

孙小红道:"不懂?什么地方不懂?"

孙驼子道:"李寻欢志气消沉,不愿见人的时候,他老人家总是想激他出手,现在李寻欢总算出手了,他老人家反而又要他去躲起来避风头。"

孙小红摇了摇头,道:"二叔你这就错了,志气消沉和避风头完全是两回事,怎么可以一概而论?"

她瞧了伏在桌上的李寻欢一眼,苦笑着接道:"你可知道想要这颗头颅的人有多少么?"

孙驼子冷笑道:"无论有多少人,除了上官金虹外,别的人又何足惧呢?"

孙小红叹道:"二叔你又错了,敢在李寻欢脑袋上打主意的人,自然就绝不会是容易打发的。"

孙驼子道:"那些人都是些什么样的角色?你说给我听听。"

孙小红道:"男的不说,先说女的,其中就有苗疆'大欢喜女菩萨'和关外'蓝蝎子'……"

她只说了两个人的名字,孙驼子已皱起了眉头。

孙小红道:"百晓生重男轻女,兵器谱上不列女子高手,但这两个母夜叉的名字,二叔你总也该听过的。"

孙驼子沉着脸,点了点头。

孙小红道:"蓝蝎子是青魔手的情人,大欢喜女菩萨是五毒童子的干娘,她们早已在打听李寻欢的行踪,若听说他在这里,一定会立刻赶来。"

她叹了口气,接着道:"她们两人中只要有一个赶到,就够他受的了。"

孙驼子拿起块抹布,慢慢地抹着桌子。

他心情不好的时候,就喜欢抹桌子。

孙小红道:"说完了女的,再说男的。"

她闭上眼睛,扳着手指头道:"男的有上官金虹、吕凤先、荆无命,还有……还有个人二叔你一定猜不出是谁。"

孙驼子还是在慢慢地抹着桌子,头也不抬,道:"谁?"

孙小红道:"胡不归。"

孙驼子霍然抬起头,惊问道:"胡不归?是不是那胡疯子?"

孙小红道:"不错,这人一向疯疯癫癫,用的是柄竹剑,据说他的剑法也跟他的人一样,疯疯癫癫的,有时精奇绝俗,妙到毫巅,有时却又糟得一塌糊涂,简直连看都看不得,所以百晓生作兵器谱时,才没有将他的名字列上。"

孙驼子脸色更沉重,徐徐道:"高是真的,糟是假的……"

他沉默了很久,才接着道:"只不过此人一向不跟别人打交道,这次为何要找李寻欢的麻烦?"

孙小红道:"听说他是被龙啸云请出来的,龙啸云的师父以前好像帮过他的忙。"

孙驼子皱着眉道:"这人一向难找,谁也不知道他在哪里,龙啸云能找到他,本事倒真不小。"

孙小红道:"就因为此人难找,所以龙啸云才会一去两年。"

孙驼子道:"你刚刚说的那吕凤先,就是兵器谱上名列第五的温侯银戟?"

孙小红道:"不错,他找的倒并不单只是李寻欢。"

孙驼子道:"他还想找谁?"

孙小红道:"此人近年来练了几手很特别的功夫,所以凡是兵器谱上列名在他之前的人,他都想找来斗一斗。"

孙驼子道:"那荆……荆……"

孙小红道:"荆无命?"

孙驼子道:"嗯,这荆无命,又是何许人也?"

孙小红道:"荆无命就是上官金虹属下第一号打手!"

孙驼子皱着眉道:"我怎会从未听说过他的名字?"

孙小红道:"此人出道才不过两年多,听爷爷说,武林后起一代的高手中,最厉害的两个人就是这荆无命和阿飞!"

孙驼子道:"哦?"

孙小红道:"他用的也是剑,出手也和阿飞一样,又狠，又准，又快。除此之外，这人还有一样最可怕的地方。"

孙驼子在听着，听得很留神。

孙小红道："他平时很少出手，但只要一和人交上手，就连自己的性命都不要了，每一招用的都是要命的招式，他自称荆无命，意思就是说他这条命早已和人拼掉了，所以根本就不把自己的死活放在心上。"

这一次，孙驼子沉默得更久，才慢慢地问道："你爷爷呢？"

孙小红道："他老人家和我约好在城外见面……"

她抿嘴笑了笑，又道："他老人家知道我一定有法子将李寻欢带去的。"

孙驼子沉重的面容上也不禁露出了一丝微笑，摇着头道："你这小丫头倒真是个鬼灵精。"

孙小红嘟起嘴，不依道："人家已经快二十了，二叔还说人家是小丫头。"

第三十五章

吃人的蝎子

孙驼子突又长长叹了口气,喃喃道:"不错,你的确已不小了,上次我看到你的时候,你还只有五六岁,但现在你已经是大人了……"

他垂头望着手里的抹布,又开始慢慢地抹着桌子。

孙小红也低下了头,道:"二叔已有十三四年没有回过家了么?"

孙驼子沉重地点了点头,喃喃道:"不错,十四年,还差几天就是十四年。"

孙小红道:"二叔为什么不回家去瞧瞧?"

孙驼子忽然重重一拍桌子,厉声道:"我既已答应在这里替人家守护十五年,就得在这里十五年,连一天都不能少,我们这种人说出来的话,就得像钉子钉在墙上一样牢靠,这道理你明不明白?"

孙小红垂首道:"我明白。"

过了很久,孙驼子的目光才又回到手里的抹布上。

当他开始抹桌子的时候,他锐利的目光就黯淡了下来,那种咄咄逼人的凌厉光彩,立刻就消失了。

一个人若已抹了十四年桌子，无论他以前是什么人，都会变成这样子的，因为当他在抹着桌上油垢的时候，也就是在抹着自己的光彩。

粗糙的桌子被抹光，凌厉的锋芒也被磨平了。

孙驼子徐徐道："这些年来，家里的人都还好吗？"

孙小红这才展颜一笑，道："都很好，大嫂和三嫂今年都添了宝宝，最妙的是，四婶居然也生了对双胞胎，所以今年四叔和大哥、三哥，都一定会赶回去过年……今年过年一定会比往年更热闹多了……"

她眼角瞥见孙驼子黯淡的面色，立刻停住了嘴，垂首道："大家都在盼望着二叔能快些回去，不知道……"

孙驼子勉强一笑，道："你回去告诉他们，等明年过年的时候，我也可以回去了。"

孙小红拍手道："那好极了，我还记得二叔做的烟花最好……"

孙驼子笑道："明年我一定替你做，但现在……现在你还是快走吧，免得你爷爷等得着急。"

他瞧了李寻欢一眼，又皱眉道："但这么大一个人，你怎么能带得走呢？"

孙小红笑道："我就当他是条醉猫，往身上一背就行了。"

她刚站起来，突然一人冷冷道："你可以走，但这条醉猫却得留下来！"

这声音急促、低沉，而且还有些嘶哑，但却带着种说不出的魅力，仿佛可以唤起男人的情欲。

这无疑是个女人的声音。

孙驼子和孙小红都面对着前门,这声音却是自通向后院的小门旁发出来的,她什么时候进了这屋子,孙小红和孙驼子竟不知道。

孙驼子脸色一沉,反手将抹布甩了出去。

他抹了十四年桌子,每天若是抹二十次,一年就是七千三百次,十四年就是十万零两千两百次。

抹桌子的时候,手自然要紧紧捏着抹布,无论谁抹了十万多次桌子,手劲总要比平常人大些。

何况孙驼子的大鹰爪力本已驰名江湖,此刻将这块抹布甩出去,挟带着劲风,力道绝不在天下任何一种暗器之下。

只听"砰"的一声,尘土飞扬,砖墙竟被这块抹布打出了个大洞,但站在门旁的人还是好好地站在那里。

她身子好像并没有移动过,看她现在站的地方,这块抹布本该将她的胸口打出个大洞来才是。

但也不知怎的,这块抹布偏偏没有打着她。

抹布飞来的时候,她身子不知道怎么样一扭,就闪开了。

这也许是因为她的腰很细,所以扭起来特别方便。

腰细的女人,看起来总特别苗条,特别动人。

这女人动人的地方并不止她的细腰。

她的腿很长,很直,胸脯丰满而高耸,该瘦的地方她绝不胖,该胖的地方,她也绝不瘦。

她的眼睛长而媚,嘴却很大,嘴唇也很厚。

她的皮肤虽白，但却很粗糙，而且毛发很浓。

这并不能算是个美丽的女人，但却有可以诱人犯罪的媚劲，大多数男人见到她，心里立刻就会想起一件事。

她自己也很明白那是件什么事。

她很少令男人失望。

她穿的是套蓝色的衣服，衣服很紧，紧紧地裹着她的身子，使她的曲线看来更为突出。

孙驼子回过头，盯着她。

她也在盯着孙驼子，那眼色看来就好像她已将孙驼子当作世上最英俊、最可爱的男人，已将孙驼子当作她的情人似的。

但等她的目光转到孙小红时，就立刻变得冷酷起来。

她对任何男人多多少少都有些兴趣。

她对任何女人都讨厌得很。

孙驼子干咳了两声，道："蓝蝎子？"

蓝蝎子笑了。

她笑起来的时候，眼睛眯得更细、更长，就像是一条线。

一条可以勾住男人心的线。

她媚笑着道："你真是好眼力，有眼光的男人，我总是喜欢的。"

孙驼子板着脸，没有说话。

他不喜欢对付女人，他也根本不会对付女人。

蓝蝎子道："但我的眼光也不错，我也知道你们是谁了。"

孙驼子厉声道:"你既然知道,居然还敢来?"

蓝蝎子轻轻叹了口气,道:"我本也不愿得罪你们,但这醉猫我却非带走不可。"

她又叹了口气,柔声道:"你也许不知道,我要找个能令我满意的男人有多么困难,好容易才找到一个,却被这醉猫杀死了。"

孙小红忍不住道:"伊哭可不是他杀死的。"

蓝蝎子道:"无论是不是他杀死的,这笔账我却已算到他身上。"

孙小红道:"无论你怎么算账,都休想能带得走他!"

蓝蝎子叹着气道:"我也知道你们不会这么容易让我带他走的,我又不太愿意跟你们动手,这怎么办呢?"

她忽然向后面招了招手,轻唤道:"你过来。"

孙驼子这才看到后院中还有条人影。

这人身材很高大,蓝蝎子一招手,他就大步走了过来。

只见他衣衫华丽,漆亮的胡子修饰得很整齐,腰带上挂着柄九环刀,看来当真是相貌堂堂,威风凛凛。

蓝蝎子道:"你们可认得他是谁么?"

孙驼子刚摇了摇头,孙小红已抢着道:"我认得他。"

蓝蝎子道:"你真的认得?"

孙小红道:"他姓楚,叫楚相羽,外号叫'活霸王',是京城'洪运镖局'的总镖头。"

蓝蝎子媚笑着瞟了这位"活霸王"一眼,道:"连这位小妹妹都认得你,看来你的名头可真不小。"

活霸王面上不禁露出得意之色,腰挺得更直。

孙小红道:"江湖中有名气的人,大大小小我倒差不多全认识,但我却不知道这位总镖头怎么会和你走在一起的?"

蓝蝎子笑道:"他是在路上吊上我的。"

她摸了摸活霸王的胡子,媚笑道:"我就是看上他这把胡子,才乖乖地跟着他走。"

孙小红也笑了,道:"是他吊上了你,还是你吊上了他?"

蓝蝎子笑道:"当然是他吊上我……你们只知道楚大镖头的名气响,武功高,却不知道他吊女人的本事更是高人一等。"

孙驼子早已满面怒容,忍不住喝道:"你带这人来干什么?"

蓝蝎子道:"一个人能当得了总镖头,武功自然是不错的,是吗?"

孙驼子道:"哼。"

蓝蝎子道:"这位楚大镖头掌中一柄九环刀,的确得过真传,'九九八十一手万胜连环刀'使出来,等闲七八十个人也休想近得了他的身。"

孙驼子道:"哼。"

蓝蝎子道:"我若说我一招就能要他的命,你们信不信?"

楚相羽一直得意扬扬地站在那里，顾盼自赏，此刻就好像忽然被人踩了一脚，失声道："你说什么？"

蓝蝎子柔声道："我也没说什么，只不过说想要你的命而已。"

楚相羽脸色发青，怔了半响，忽又笑了，道："你在说笑话。"

蓝蝎子叹了口气，道："常言道，一夜夫妻百日恩。你自然以为我不会杀你的，是吗？"

楚相羽道："我知道你在开玩笑。"

蓝蝎子道："但你可知道世上有种毒虫叫蝎子么？"

楚相羽道："我怎么会不知道，蝎子在我们北方最多了。"

蓝蝎子道："那么，你知不知道母蝎子却有种奇怪的毛病。"

楚相羽道："什么毛病？"

蓝蝎子道："我告诉你，母蝎子和公蝎子交配之后，一定要将公蝎子吃掉才过瘾。"

楚相羽面色虽已有些变了，还是勉强笑道："但你却不是蝎子。"

蓝蝎子媚笑道："谁说我不是蝎子？我明明是蓝蝎子呀，你不知道？"

楚相羽的人立刻跳了起来，往后面跳开七八尺，"砰"的一声，桌子也被他撞翻了，他下盘倒很稳，并没有翻倒。

只听"哗啦啦"一响，他已拔出了腰畔的九环刀，横刀当胸,刀锋在外,眼睛瞪着蓝蝎子,就好像见到了鬼一样。

他也是老江湖了,自然听过"蓝蝎子"的大名,但他却再也想不到这比小鱼还容易上钩的女人,就是蓝蝎子。

蓝蝎子柔声道:"我劝你,下次你若想在路上吊女人,最好先弄清楚她的底细,只可惜……"

她叹了口气,慢慢地走向楚相羽,接着道:"只可惜你已永远没有下次了!"

楚相羽大吼道:"站住,你再往前走一步,我就宰了你!"

蓝蝎子媚眼如丝,腻声道:"好,你宰了我吧,我倒真想死在你手里。"

楚相羽大喝一声,九环刀横扫而出。

刀风虎虎,刀环相击,声势果然惊人。

但他只使出了这一刀。

只见一道蓝晶晶,碧森森的寒光一闪,楚相羽已惨呼着倒了下去,甚至连这声惨呼都没有完全发出来。

他身上也并没有什么伤痕,只是咽喉上多了两点鲜红的血迹,正宛如被蝎子蜇过一样。

蓝蝎子的衣服虽紧,袖子却很长,这使她看来有些飘飘欲仙的感觉,使她的风姿看来更美。

此刻她双手都藏在袖子里,谁也看不出她是用什么杀死楚相羽的——无论她用的是什么,一定都可怕得很。

孙驼子和孙小红冷眼旁观,并没有出手拦阻,也许是因为他们根本不愿出手——一个随便就在路上吊女人的男人，总不会是什么好东西。

蓝蝎子还在俯首瞧着楚相羽。

她瞧了很久，仿佛是在欣赏着自己的成绩。

然后，她又笑了，笑得更媚。

她媚笑着道："我只用了一招，你们现在总该相信了吧。"

孙驼子和孙小红都没有说话。

蓝蝎子道："我的武功还算不错吧！"还是没有人回答。蓝蝎子道："伊哭的青魔手虽然在兵器谱中名列第九，但百晓生若是将我也算上，他至少要退到第十，两位说对不对？"

这倒不是假话。她出手的确比伊哭更快，更毒！

蓝蝎子眼睛瞟着孙驼子，柔声道："凭我这样的武功，总可以将这醉猫带走了吧。"

孙驼子板着脸，冷冷道："不可以！"

蓝蝎子叹了口气道："我究竟要怎么样才能将他带走呢？难道要我陪你上床？"

孙驼子怒喝一声，双手齐出。

只见他左手握拳，右手如爪，左拳击出，石破天惊，右爪如钩，变化万千，虽是赤手空拳，但威势却比楚相羽方才那一刀更强十倍。

蓝蝎子腰肢一扭，忽然就瞧不见了。

她的腰就像是水中的蛇一样，可以随意扭动，你明明看到她是往左边扭的，她忽然已到了你右边。

孙驼子一招击出，她已到了孙驼子身后。

幸好孙驼子也非庸手,左拳突曲,将这一拳击出去的力量松开,右爪却突然紧握成拳,将这一爪抓出去的力量硬生生收了回来。

两人交手,最难的就是将已击出的招式"悬崖勒马"半途收回,要知一招击出,便如箭已离弦,若是半途撤招,总难免有些生硬勉强。

但孙驼子此刻这一招收发之间,却绝不拖泥带水。

别人若是将手上力量撤回,身子也难免要随着后退,那正是自投罗网,送到蓝蝎子手里。

但孙驼子幸好是个"驼子",他手上力量一撤,就全都聚集在他背后的"驼峰"之上。

他的肩一缩,驼峰已向蓝蝎子撞了过去。

这一着正也是孙驼子的成名绝技之一,他背后驼峰已练得坚逾精钢,这一撞之力,何止百斤。

蓝蝎子自然是识货的,腰肢一扭,长袖飞舞,人已到了孙驼子面前,面上带着媚笑,眼睛里也带着媚笑。

她媚笑着道:"你不但眼光高,武功也高,只要你说一声,什么地方我都跟你去。"

孙驼子厉声道:"你去死吧!"

蓝蝎子媚眼如丝,轻轻道:"我要死,也得死在床上。"

面对着这么样的一个女人,看着她的媚笑,听着她的腻语,就算不意乱情迷,想入非非,也难免要有些心猿意马,手下也就难免要留三分情。

但你留情,她却不留情。

所以十年来，已不知有多少男人死在她手下。

只可惜她今天遇见的是孙驼子。

孙驼子看到女人，就好像掉了牙的老太婆看到五香蚕豆一样，一点兴趣也没有，怒叱一声，铁爪又已击出。

蓝蝎子长袖一卷，后退了几步，道："等一等。"

孙驼子再次撤招道："还等什么？"

蓝蝎子叹了口气，柔声道："你就算一定要逼我出手，先看看我用的兵刃也不迟呀。"

她的话还未说完，袖中已有一道蓝晶晶，碧森森的寒光飞出，如闪电般斜划孙驼子面目。

孙驼子大喝一声，铁爪迎向蓝光，抓了过去！

他与人交手，素来喜欢速战速决，所以他虽然知道蓝蝎子用的必是件极奇特的外门兵器，但仗着自己苦练四十年的大鹰爪力，想在一招间便夺下她的兵刃，令她根本没有还手的余地。

这一抓更是威不可当！

对方用的兵刃纵然锐利，纵然能割破他的手，但兵刃还是要被他夺下，孙驼子对自己这出手一抓，素来自信得很。

只不过，他的自信也许太强了些。

孙小红一直静静地站在那里，好像全没有出手的意思。

但她的眼睛却始终未曾离开过蓝蝎子的衣袖。

她的眼睛快得很。

那道青蓝色的寒光一飞出，她已看清楚了。

她从未看过如此奇异的兵刃。

那看来就像是一只放大了十几倍的蝎子毒尾,长长的,弯弯的,似软实硬,又可以随意曲折。

最可怕的是,这兵刃由头到尾,都带着钩子般的倒刺。

孙小红自然也对她二叔的大鹰爪力很有信心,但她也知道只要他的手一抓着蓝蝎子的兵刃,也难免要被这只专吃男人的毒蝎子吃下去!

蓝蝎子的出手固然快,孙驼子的出手也快。

孙小红知道自己无论如何也拦阻不及了,她想不到她二叔抹了十四年的桌子后,脾气还如此暴烈!

她却不知道孙驼子正因为已忍了十四年,脾气早已憋不住了,所以此刻一有机会出手,就不顾一切,想一击得手。

她情急之下,忍不住惊呼出声来。

就在这时,半空中忽然伸出了一只手。

这只手的动作竟比她的声音还快,她惊呼之声刚发出,这只手已半途抓住了蓝蝎子的手腕。

只听"咔嚓"一声,"当"的一响,蓝光落地。

蓝光落地时,蓝蝎子的人已退出一丈外,她退得太仓猝,也太快,竟"砰"地撞在墙上。

然后所有的一切声音,所有的一切动作就全都停顿了下来,屋子里突然变得死一般静寂,连空气都仿佛已凝结。

每个人都石像般怔住了。

每个人的眼睛都吃惊地望着这只手,蓝蝎子眼睛里不但充满了惊讶,也充满了恐惧痛苦。

她的手腕已被折断了!

这只令人吃惊、令人恐惧的手终于缩了回去。

它伸出时虽快,缩回时却很慢。

然后,一个人缓缓站了起来,却正是那已烂醉如泥的李寻欢。

孙小红又惊又喜,失声道:"原来你没有醉。"

李寻欢淡淡地笑了笑,道:"我的心情虽然不好,体力虽然不支,酒量却一向不错。"

孙小红瞪着他,一双动人的大眼睛里,充满了各式各样的感情,也不知是惊奇,是欢喜,是佩服,还是失望。

她毕竟还是没有灌醉李寻欢。

蓝蝎子眼睛里的媚态却早已不见了,剩下的只有惊慌和恐惧。

因为李寻欢的手里不知何时已多了一把刀。

小李飞刀。

小李飞刀纵未出手,也足以令人丧胆——小李飞刀最可怕的时候,也就是它还未出手的时候。

因为它出手之后,对方就已不知道什么叫可怕了。

死人是不知道害怕的!

屋子里只剩下呼吸的声音。

这沉重的呼吸却比完全静寂还令人觉得静寂,简直静寂得令人窒息,令人受不了,令人要发疯。

第三十六章

奇异的感情

蓝蝎子额上的冷汗不停地流下来,一粒比一粒大……

她全身都在颤抖着,忽然大叫了起来,道:"你飞刀为何还不出手?你为何还不杀了我?"

李寻欢缓缓道:"你肯不顾一切来为伊哭复仇,总算对他还有真情,他死了,你自然很痛苦……很痛苦……"

他凝视着手里的刀锋,目中似乎带着一丝痛苦之色,黯然道:"我很了解这种痛苦,很了解……我只希望你明白,这种痛苦绝不是杀人就能减轻的,你无论杀多少人,也不能将这种痛苦减轻半分。"

寒光一闪,小李飞刀突然出手。

只听"夺"的一声,雪亮的刀已钉在蓝蝎子身旁的门楣上。

李寻欢挥手道:"你走吧。"

蓝蝎子呆住了。

也不知过了多久,她忽然问道:"那么,这种痛苦要怎样才能减轻呢?"

李寻欢叹了口气,喃喃道:"我也不知道……也许你想到另一个人能代替他时,这种痛苦就能减轻了,我只希望你能找到。"

蓝蝎子呆呆望着他,目中突然流下了眼泪……

孙小红也在痴痴地望着李寻欢。

她从未见过这样的男人,几乎不相信世上真有这样的男人,她盯着他,仿佛想看透他的心。

蓝蝎子已走了,是带着眼泪走的。

李寻欢已沉默了很久,忽然笑了笑,道:"你一定很奇怪,我为何没杀她。"

孙小红没有说话。

孙驼子一直垂首望着地上那件奇异的兵刃,也没有说话。

李寻欢缓缓接道:"这是因为我一向总认为一个人若还有泪可流,就不该死。"

孙小红忽也笑了笑道:"我知道你不喜欢杀人,你不杀她,我一点也不奇怪,我只奇怪你明明没有醉,为何要装醉呢?"

李寻欢微笑道:"你也是喝酒的人,总该知道装醉比真醉有趣多了,若是真的烂醉如泥,非但当时无趣,第二天头疼起来更要人的命。"

孙小红嫣然道:"有道理。"

李寻欢道:"但只要是喝酒的人,就没有永远不醉的,你若真想灌醉我,以后的机会还多得很。"

孙小红轻轻叹了口气,眨着眼道:"可是我自己心里明白，这次我既已错过机会，以后只怕就再也休想灌得醉你了。"

李寻欢失笑道："其实我……"

他的话还未说出，突见孙驼子大步走到柜台后，抓起一坛酒，一掌拍开泥封，仰起脖子就往嘴里倒。

他也不知灌了多少，孙小红才总算夺下了他手里的酒坛子，跺脚道："人家宁可装伴也不愿被人灌醉，二叔你为何要自己灌醉自己呢？"

孙驼子倒在柜台后的椅子上，眼睛已发直，喃喃道："一醉解千愁，我还是醉了的好……醉了的好……"

孙小红道："为什么？"

孙驼子突又跳了起来，大声道："你问我为什么，我告诉你，因为我不愿受人的恩惠，无论谁的恩惠我都受不了，我宁可被砍一刀。"

他的人又倒在椅上，以手蒙着脸，喃喃道："李寻欢，李寻欢，你为何要救我？我被人救过一次，已够受的，你可知道我这些年来的日子是怎么过的吗？"

李寻欢想问他："谁曾经救过你？"

"你为何要答应他在这里守护十五年？"

"你守护的究竟是什么？"

但孙驼子语声愈来愈低，也不知是醉了，还是睡着了。

李寻欢瞧了瞧孙小红，也想问问她，但一看到孙小红那双又灵活，又调皮的大眼睛，他就立刻打消了这主意。

像孙小红这种女孩子，你若想问她什么秘密，那是一定问不出的。

李寻欢只有长长叹了口气,道:"你二叔真不愧是大丈夫!"

孙小红用眼角瞟着他,抿嘴笑道:"你的意思是不是说,只有大丈夫才会真的醉得这么快!"

李寻欢缓缓道:"我的意思是说,只有大丈夫才肯一诺千金,至死不改,只有大丈夫才不愿受人的恩惠,只有大丈夫才肯为了别人,牺牲自己。"

孙小红眼波流动,道:"所以你也要为了保护别人而留在这里,是不是?"

李寻欢沉默着。

孙小红道:"无论为了什么原因,你都不肯走的,是不是?"

李寻欢还是沉默着。

孙小红道:"可是,你有没有想到阿飞呢?你不想去看看他?他难道不是你的朋友?"

李寻欢又沉默了很久,才缓缓道:"他至少应该能照顾自己。"

孙小红眼珠子一转,道:"我常听人说,林仙儿看来虽像是天上的仙子,但却专门带男人入地狱。"她一字字接着道,"你不怕你的朋友被她带入地狱?"

李寻欢的嘴又闭上了。

孙小红叹了口气道:"我也知道你绝对不肯走的,为了她,你别的事可以放下,无论什么事都可以放下……"

她眼波忽然变得无限温柔，脉脉地望着李寻欢，幽幽道："可是，你为什么不去找个人来代替她呢？"

李寻欢面上泛起了一阵痛苦之色，又弯下腰去不停地咳嗽起来。

孙小红垂首弄着衣角，缓缓道："你不愿走，我也不能勉强你，可是你至少应该去看看我的爷爷。"

李寻欢勉强忍住咳嗽，道："他……他在哪里？"

孙小红道："他老人家在城外的长亭等我。"

李寻欢道："长亭？"

孙小红道："因为上官金虹一定会经过那里。"

李寻欢沉吟着道："上官金虹纵然经过那里，他也未必看得到。"

孙小红道："一定能看得到，因为上官金虹从不乘车，也不骑马，他一向喜欢走路的，他常说一个人生着两条腿，就是为了要走路。"

李寻欢淡淡一笑，道："你知道的倒真不少。"

孙小红嫣然道："的确不少。"

李寻欢道："你不但知道上官金虹要来，还知道他会从哪里来；你不但知道那封信是林仙儿写的，还知道她隐藏在哪里……"

他盯着孙小红的眼睛，慢慢地问道："这些事，你是怎么知道的？"

孙小红咬着嘴唇，娇笑道："我有我的法子，我偏不告诉你。"

夜深沉。

城外的夜色总比城内更浓,更深。

天地间一片静寂,晚风中偶然会传来一两声秋虫的低语。

孙小红的步子很轻快,就像是永远也不会疲倦似的,因为无论对什么事,她都有很大的兴趣。

她对生命充满了热爱。

她还年轻。

李寻欢走在她身旁,和她正是个极强烈的对比。

他很羡慕她,甚至有点淡淡的妒忌,等他发现自己这种妒忌的时候,他才忽然吃了一惊。

"我难道已真的老了?"

因为他知道唯有老人才会对年轻人的热爱生出妒忌。

他自嘲地笑了笑,喃喃道:"若是在十年前,我一定不会和你走得这么近。"

孙小红道:"为什么?"

李寻欢悠悠道:"江湖中人人都知道我是个浪子,像你这样的女孩子和我走在一起,别人看到就难免要说闲话的。"

他笑了笑,接着道:"幸好我现在已老了,别人看到我们,一定会以为我是你的父亲。"

孙小红叫了起来,道:"我的父亲?你以为你真的有那么老了吗?"

李寻欢道:"当然。"

孙小红忽然吃吃地笑了起来。

李寻欢道:"你笑什么?"

孙小红抿嘴笑道:"我笑你!"

李寻欢道:"为什么?"

孙小红道:"因为我知道你一定很怕我。"

李寻欢道:"我怕你?"

孙小红的眼睛亮得就像是天上的星星。

她吃吃地笑着道:"就因为你怕我,才会对我说这种话,你怕你自己会对我……对我好,所以才硬说自己是老头子,是不是?"

李寻欢只有苦笑。

孙小红道:"其实呀,你若是老头子,我就是老太婆了。"

她忽然停下脚步,仰面望着李寻欢柔声道:"只有自己先觉得老了的人,才会真的变老,我爷爷就从来不肯服老,你还年轻得很,求求你以后莫要再说自己老了好吗?"

夜色很浓,看不清她面上的表情,只能看到她那双发亮的大眼睛。

她眼睛里充满了柔情,纯真的柔情。

唯有少女的情感才会如此纯真。

李寻欢看到这双眼睛,忽然想起十余年前的林诗音。

那时的林诗音岂非也如此纯真。

但现在呢?

李寻欢暗中叹了口气,避开她的目光,遥望前方,忽然笑道:"你看,前面已是长亭,我们快走吧,莫要让你爷爷等得着急。"

无星无月，也看不到灯光。

黑沉沉的夜色中，只能看到长亭中有一点火光，忽明忽灭，火光亮的时候，才能看出一个人的影子。

孙小红道："你看到那点火光么？"

李寻欢道："看到了。"

孙小红眼波流动，笑道："你猜那是什么？猜得出，我佩服你。"

李寻欢道："那是你爷爷在抽旱烟。"

孙小红拍手笑道："呀……你真是天才儿童，我真佩服你。"

李寻欢也忍不住笑了。

也不知为了什么，和这女孩子在一起，他笑的时候就好像多了些，咳嗽的时候却少了些。

孙小红道："不知道上官金虹来过了没有？他老人家是否已将他送走？"

说着说着，她目光忽然露出一丝忧郁之色，道："我们快赶过去吧，看看……"

她话未说完，李寻欢忽然扯住了她的手。

孙小红的心一跳，脸已有些发烫。

她偷偷瞟了李寻欢一眼，才发现李寻欢的神情仿佛很凝重，一双锐利的眼神，正出神地瞧着远方的道路。

远方的道路上，已出现了两点火光。

那是两盏灯笼。

高挑着的灯笼。

灯笼是金黄色的,用一根细竹竿高高挑起。

金黄色的灯光下,可以看出挑灯的人身上也穿着金黄色的衣服,甚至连他们的脸也已被灯光映得发黄。

黄得诡秘,黄得可怕。

李寻欢身形一闪,已将孙小红拉到道旁的树后。

孙小红压低了语声,道:"金钱帮?"

李寻欢点了点头。

孙小红皱了皱眉,道:"原来上官金虹现在才到,莫非他路上也遇着什么事了么?"

李寻欢淡淡道:"也许因为他只有两条腿,所以走不快。"

只见前面两盏灯笼,后面还有两盏灯笼,相隔约莫三丈。

前面的灯笼与后面的灯笼间,还有两个人。

这两人一前一后,走得虽慢,步子却很大。

两人的身材都很高,都穿着金黄色的衣衫,前面一人的衫角很长,几乎已覆盖到脚面,但走起路来长衫却纹风不动。

后面的一人衫角很短,只能掩及膝盖。

两人的头上都戴着宽大的笠帽,低压在眉际,所以灯笼的光虽很亮,却也辨不出他们的面目。

前面的一人赤手空拳,并没有带什么兵刃。

后面的一人腰带上却插着一柄剑。

出了鞘的剑。

李寻欢忽然发现这人插剑的法子和阿飞差不多,只不过阿飞是将剑插在腰带中央,剑柄向右。

这人却将剑插在腰带右边,剑柄向左。

他用的莫非是左手。

李寻欢的双眉也皱了起来。

他很不喜欢使左手剑的对手,因为左手使剑,剑法必定和别人相反,招式必定更辛辣诡秘,反难对付。

而且剑已出鞘,出手必快。

这是他多年的经验,他一眼就看出这是个很强的对手!

第三十七章

老人

李寻欢注意那使左手剑的汉子,孙小红注意的却是另一件事。

这两人走得很慢,步子很大,看来和平常人走路并没有什么不同,但也不知为了什么,她总觉得这两人走起路来有些特别。

她注意很久,才发现是什么原因了。

平常两个人走路步伐必定是相同的。

但这两人走路却很特别,后面的一人每一步踏下,却恰巧在前面一人的第一步和第二步之间。

这四条腿看来就好像长在一个人身上似的。

前面一人踏下第一步,后面一人踏下第二步,前面一人踏下第三步,后面一人踏下第四步,从来也没有走错一步。

孙小红从来也没有看到过两个人像这样子走路的,她简直觉得新奇极了,也有趣极了。

但李寻欢却一点也不觉得有趣。

他非但不觉得有趣,反而觉得有些可怕。

这两人走路时的步伐已配合得如此巧妙，显见得两人心神间已有一种无法解释的奇异默契。

他们平常走路时，已在训练着这种奇异的配合，两人若是连手对敌，招式与招式间一定配合得更神奇。

单只上官金虹一人，已是武林中数一数二的绝顶高手，若再加上一个荆无命，那还得了？！

李寻欢的心在收缩着。

他想不出世上有任何法子能将这两人的配合攻破。

他也不相信长亭中这老人能将这两人送走。

黄昏以后，路上就已看不到别的行人。

长亭中的老人仍在吸着旱烟，火光忽明忽灭。

李寻欢忽然发现这点火光明灭之间，也有种奇异的节奏，忽而明的时候长，忽而灭的时候长。

忽然间，这点火光亮得好像一盏灯一样。

李寻欢从未看到一个人抽旱烟，能抽出这么亮的火光来。

上官金虹显然也发现了，因为就在这时，他已停下脚步。

他的脚步一停，后面的人脚步也立刻停下，两人心神间竟真的像是有种奇异的感应，可以互通声息。

就在这时，长亭的火光突然灭了。

老人的身形顿时被黑暗吞没。

上官金虹木立在道旁，良久良久，才缓缓转过身，缓缓走上了长亭，静静地站在老人对面。

无论他走到哪里,荆无命都跟在他身旁,寸步不离。

他看来就像是上官金虹的影子。

四盏高挑的灯笼也已移了过去,围在长亭四方。

亭子里骤然明亮了起来,这才可看出老人仍穿着那件已洗得发白的蓝布袍,正低着头坐在亭子里的石椅上装旱烟,似乎全未发觉有人来了。

上官金虹也没有说话,低着头,将面目全都藏在斗笠的阴影中,仿佛不愿让人看到他面上的表情。

但他的眼睛却一直在盯着老人的手,观察着老人的每一个动作,观察得非常非常仔细。

老人自烟袋中慢慢地取出一撮烟丝,慢慢地装入烟斗里,塞紧,然后又取出一柄火镰、一块火石。

他的动作很慢,但手却很稳定。

然后他又将火镰、火石放在桌上,取出张棉纸,搓成纸棒,再放下纸棒,拿起火镰、火石来敲火。

上官金虹忽然走了过去,拿起了石桌上的纸棒。

在灯火下可以看出这纸棒搓得很细、很紧,纸的纹理也分布得很匀,绝没有丝毫粗细不均之处。

上官金虹用两根手指拈起纸棒,很仔细地瞧了两眼,才将纸媒慢慢地凑近火镰和火石。

"叮"的一声,火星四溅。

纸媒已被燃着。

上官金虹慢慢地将燃着的纸棒凑近老人的烟斗……

李寻欢和孙小红站的地方虽然距离亭子很远,但他们站在暗处,老人和上官金虹每一个动作他们都看得很清楚。

李寻欢早已问道："要不要过去？"

孙小红却摇摇头说："用不着，我爷爷一定有法子将他们打发走的。"

她说得很肯定，但现在李寻欢却发觉她的手忽然变得冰冰冷冷，而且还像是已沁出了冷汗。

他自然知道她在为什么担心。

旱烟管只有两尺长，现在上官金虹的手距离老人已不及两尺，他随时都可以袭击老人面上的任何一处穴道。

他现在还没有出手，只不过在等待机会而已。

老人还在抽烟。

也不知是因为烟叶太潮湿，还是因为塞得太紧，烟斗许久都没有燃着，纸棒却已将燃尽了。

他抽烟的姿势很奇特，用左手的拇指、食指和中指托着烟斗，无名指和小指微微地翘起。

上官金虹是用拇指和食指拈着纸棒，其余的三根手指微微弯曲。

老人的无名指和小指距离他的腕脉还不到七寸。

两人的身子都没有动，头也没有抬起，只有那燃烧着的纸棒在一闪一闪地发着光——

火焰已将烧到上官金虹的手了。

上官金虹却似连一点感觉都没有。

就在这时，"呼"的一声，烟斗中的烟叶终于被燃着。

上官金虹弯曲着的三根手指似乎动了动，老人的无名指和小指也动了动,他们的动作都很快,而且一动之后就停止。

于是上官金虹开始后退。

老人开始抽旱烟。

两人从头到尾都低着头,谁也没有去看对方一眼。

直到这时,李寻欢才松了口气。

在别人看来,亭子中的两个人只不过在点烟而已,但李寻欢却知道那实在不啻是一场惊心动魄的决斗!

上官金虹一直在等着机会,只要老人的神志稍有松懈,手腕稍不稳定,他立刻便要出手。

只要他出手,就必定有一击致命的把握。

但他始终找不到这机会。

到最后他还是忍不住,弯曲着的三根手指已跃跃欲试,他每根手指的每一个动作中都藏着精微的变化。

怎奈老人的无名指和小指已立刻将他每一个变化都封死。

这其间变化之细腻精妙,自然也只有李寻欢这种人才能欣赏,因为那正是武功中最深奥的一部分。

两人虽只不过将手指动了动,但却当真是千变万化,生死一发,其间的危机绝不会比别人用长刀利剑大杀大砍少分毫。

现在,这危机总算已过去了。

上官金虹后退三步,又退回原来的地方。

老人慢慢地吸了口烟,才缓缓抬起头来。他仿佛直到此刻才看到上官金虹,微微笑了笑,道:"你来了?"

上官金虹道:"是。"

老人道:"你来迟了!"

上官金虹道:"阁下在此相候,莫非已算准了这是我必经之路。"

老人笑了笑,道:"我只盼你莫要来。"

上官金虹道:"为什么?"

老人缓缓道:"因为你就算来了,还是立刻要走的。"

上官金虹长长吸了口气,一字字道:"我若不想走呢?"

老人淡淡道:"我知道你一定会走的。"

上官金虹的手,忽然紧紧握了起来。

始终影子般随在他身后的荆无命,左手也立刻握住了剑柄。

长亭中似乎立刻就充满了杀机。

老人却只是长长吸了口烟,又慢慢地吐了出来。

自他口中吐出来的烟,本来是一条很细很长的烟柱。

然后,这烟柱就慢慢发生了一种很奇特的弯曲和变化,突然一折,射到上官金虹面前。

上官金虹似乎吃了一惊。

但就在这时,烟雾已忽然间消散了。

上官金虹凝视袅娜四散的烟雾,紧握着的双手缓缓松开……

荆无命的手也离开了剑柄。

上官金虹忽然长长一揖,道:"佩服。"

老人道:"不敢。"

上官金虹缓缓道:"你我十七年前一会,今日别过,再见不知何时?"

老人淡淡道:"相见争如不见,见又何妨?不见又何妨?"

上官金虹沉默着,似想说什么,却未说出口来。

老人又开始抽烟。

上官金虹缓缓转过身,走了出去。

荆无命影子般跟在他身后……

灯笼渐渐远去,大地又陷入了黑暗。

李寻欢目光却还停留在灯光消失处,看来仿佛有什么心事。

上官金虹走的时候,似有意,似无意,曾抬起头向他这边瞧了一眼,他才第一次看到上官金虹的眼睛。

他从未见过如此阴森,如此锐利的目光。

他从这双眼睛,已可判断出上官金虹的内力武功也许比传说中还要可怕。

但最可怕的,还是荆无命的眼睛。

上官金虹抬起头的时候,他也抬头向这边瞧了一眼。

只瞧了一眼。

但无论谁被这双眼睛瞧了一眼,心里都会觉得很不舒服,很闷,闷得像是要窒息,甚至想呕吐。

因为那根本不是双人的眼睛,也不是野兽的眼睛。

无论人的眼睛,还是野兽的眼睛至少都是活的,都有情感,无论是贪婪,是残酷,是狠毒……至少也是种"情感"。

但这双眼睛却是死的。

他漠视一切情感,一切生命——甚至他自己的生命。

孙小红却全没有注意到这些,因为她正凝视着李寻欢。

这是她第一次看清了李寻欢。

虽然在黑暗中,但李寻欢面上的轮廓看来却仍是那么显明,尤其是他的眼睛和鼻子,给人的印象更深刻。

他的眼睛深邃而明亮,充满了智慧,他目光中虽带着一些厌倦,一些嘲弄,却又充满了伟大的同情。

他的鼻子直而挺,象征着他的坚强、正直和无畏。

他的眼角已有了皱纹,却使他看来更成熟,更有吸引力,更有安全感,使人觉得他是完全可以信任,完全可以倚靠的。

这正是大多数少女梦想中男人的典型。

他们全未发现那老人已向他们走了过来,正微笑着在瞧着他们,目光中充满了欣慰。

他静静地瞧了他们很久,才微笑着道:"你们可有人愿意陪老头子聊聊天么?"

不知何时月已升起。

灰白色的大路,在月光下笔直地伸向前方。

老人和李寻欢走在前面,孙小红默默地跟在他们身后。

她虽然垂着头没有说话,但心里却愉快得几乎想呐喊，因为她只要一抬头，就可见到她心目中最佩服的男人和最可爱的男人。

月光渐渐明亮，将他们的影子温柔地印在她身上。

她觉得幸福极了。

老人吐出了一口烟，缓缓道："我老早就听说过你，老早就想找你喝喝酒，聊聊天，今天才发现，跟你聊天的确是件很愉快的事。"

李寻欢只笑了笑，他身后的孙小红却已吃吃地笑了出来，道："但他直到现在，除了向你老人家问好之外，别的话连一个字都没有说呀。"

老人笑道："这正是他的好处，不该说的话他一句也没有说，不该问的话一句也没有问，若是换了别人，一定早已设法探听我们的来历了。"

李寻欢微笑道："这也许只因为我早已猜着了前辈的来历。"

老人道："哦？"

李寻欢道："普天之下，能将上官金虹惊退的人并不多。"

老人笑了，道："你若以为上官金虹是被我吓走的，你就错了。"

他不等李寻欢说话，已接着道："上官金虹的武功，你想必也已看出；寸步不离跟着他的那少年人，更是可怕的对手。以他们两人联手之力，天下绝没有一个人能抵挡他们三百招，更莫说要胜过他们了。"

李寻欢目光闪动，道："前辈也不能？"

老人道:"我也不能。"

李寻欢道:"但他们却还是走了。"

老人笑了笑,道:"这也许是因为他们觉得现在还没有必要杀我,也许是因为他们早已发觉你在这里,他们没有把握能胜过我们两人。"

孙小红又忍不住道:"他们就算已发觉树后有人,又怎知是李……李探花呢?"

老人道:"像李探花这样的绝顶高手,就算静静地站在那里不动,但只要他心里对某人生出了敌意,就会散发出一种杀气。"

孙小红道:"杀气?"

老人道:"不错,杀气。但这种杀气自然也只有上官金虹那样的高手才能感觉得出。"

孙小红叹了口气,摇着头道:"你老人家说得太玄了,我不懂。"

老人肃然道:"武功本就是件很玄妙的事,懂得的人本就不多。"

李寻欢道:"无论他们是为何走的,前辈相助之情,总是……"

老人打断了他的话,道:"你若以为我是在帮你的忙,你就错了,我做事一向都是为自己的。"

李寻欢道:"可是……"

老人又打断了他的话,带着笑道:"我只是喜欢看见你这种人好好地活着,因为像你这样的人,活在世上的已不多了。"

李寻欢只有微笑,只有沉默。

老人道:"你我虽初次相见,但你的脾气我很了解,所以我也并不想劝你离开这里。"

他目光凝视着李寻欢,神情忽然变得很郑重,缓缓道:"我只希望你能明了一件事。"

李寻欢道:"前辈指教。"

老人正色道:"林诗音是用不着你来保护的,你走了对她只有好处。"

李寻欢又为之默然。

老人道:"林诗音本人并不是别人伤害的对象,别人想伤害她,只不过是因为你,换句话说,别人要伤害她,就因为你在保护她,你若不保护她,也就根本没有人要伤害她了……这道理你明白吗?"

李寻欢就好像忽然被人抽了一鞭,痛苦得全身都仿佛收缩了起来,他忽然觉得自己仿佛只有三尺高。

老人却似全未留意到他的痛苦,接着又道:"你若觉得她太寂寞,想陪伴她,现在也已用不着,因为龙啸云已回来了,你留在这里,只有增加她的烦恼。"

李寻欢目光茫然凝视着远方的黑暗,沉默了很久很久,才长长叹了口气,黯然自语道:"我错了,我错了,我又错了……"

他的腰似也弯了下去,背也无法挺直。

孙小红望着他的背影,心里又是怜惜,又是同情。

她知道她爷爷是在故意刺激他,故意令他痛苦,她也知道这样做对他只有好处,但她却不忍。

老人道:"龙啸云忽然回来,只因他已找到个他自信可以对付李寻欢的帮手。"

李寻欢苦笑道:"他又何必找人对付我?我还是将他当作我的朋友。"

老人道:"但他却不这么想……你可知道他找来的人是谁?"

李寻欢道:"胡不归?"

老人道:"不错,正是那疯子。"

孙小红插嘴道:"胡疯子的武功真的那么厉害?"

老人道:"普天之下只有两个人,我始终估不透他们武功之深浅。"

孙小红道:"哪两个人?"

老人含笑望着李寻欢,道:"其中一人是李探花,另一人就是胡疯子。"

李寻欢笑道:"前辈过奖了,据我所知,我的朋友阿飞武功就绝不在我之下,还有荆无命……"

老人截口道:"阿飞和荆无命一样,他们根本不懂得武功。"

李寻欢愕然道:"前辈说他们不懂武功?"

老人道:"不错,他们非但不懂武功,而且不配谈武……"

他冷冷接着道:"他们只会杀人,只懂得杀人。"

李寻欢默然良久,缓缓道:"但阿飞和荆无命还是不同的。"

老人道:"有何不同?"

李寻欢道:"也许他们杀人的方法并无不同,但他们杀人的目的却绝不一样。"

　　老人道:"哦?"

　　李寻欢道:"阿飞只有在万不得已时才杀人,荆无命却只是为了杀人而杀人。"

　　老人慢慢地点了点头,道:"你说得不错,我也知道阿飞是你的朋友,但你为何一点也不关心他,为何不去看看他?"

　　李寻欢垂下头,道:"我……"

　　老人道:"你若想去看看他,现在正是时候,否则只怕就太迟了。"

　　李寻欢忽然挺起胸,道:"好,我这就去找他!"

　　老人目中这才露出一丝笑意,道:"你知道他住的地方?"

　　李寻欢道:"我知道。"

　　孙小红忽然赶到前面来,眼睛里发着光,道:"但你也许还是找不着,还是让我带你去的好。"

　　李寻欢还未开口,老人已板着脸道:"你还有你的事,李探花也用不着你带路。"

　　孙小红嘟起嘴,垂下头,看样子几乎要哭了出来。

　　李寻欢沉吟着,抱拳道:"就此别过。"

　　他心里本有许多话要说,却只说了这四个字,因为他知道在这老人面前,无论说什么话都是多余的。

　　老人一挑大拇指,赞道:"对,说走就走,这才是男子汉,大丈夫!"

李寻欢果然说走就走,而且没有回头。

孙小红目送他远去,眼圈儿都红了。

老人轻轻拍了拍她肩头,柔声道:"你心里是不是很难受?"

孙小红眼睛还是呆呆地望着李寻欢身形消失处,道:"没有。"

老人笑了,笑容中带着无限慈祥,摇着头道:"傻丫头,你以为爷爷不知道你的心么?"

孙小红嘟着嘴,终于忍不住道:"爷爷既然知道,为什么不让我陪他去。"

老人柔声道:"傻丫头,你要知道,像李寻欢这样的男人,可不是容易得到的。"他目中闪着世故的智慧之光,微笑着接道:"你要得到他的人,就先要得到他的心,那可不简单,一定要慢慢地想法子,但你若追得他太紧,就会将他吓跑了。"

李寻欢虽然说走就走,虽然没有回头,但他的心却仍然被一根无形的线系着,系得紧紧的。

他知道自己这一走,又不知要等到何时才能再见到林诗音了。

相见时难,别亦难。

这十余年来,他只见到林诗音三次。每次都只有匆匆一面,有时甚至连一句话都没有说,但系在他心上的线,却永远是握在林诗音手里的。只要能见到她,甚至只要能感觉到她就在自己附近,他就心满意足。

第三十八章

祖孙

秋风扑面,已有冬意。

秋已残。

李寻欢的心境也正如这残秋般萧索。

"你留在这里,只有增加她的烦恼和痛苦……"

老人的话,似乎还在他耳边响着。

他也知道自己非但不该再见她,连想都不该想她。

他停下脚步,倚着一株枯树剧烈地咳嗽起来,等这阵咳嗽平息,他已决定不再想这些不应想的事。

幸好他还有许多别的事要想。

那老人不但是智者,也必定是位风尘异人,绝顶高手。世上无论什么事,他似乎都很少有不知道的。

但他的身份却实在太神秘。

他究竟是什么人?究竟隐藏了些什么?

孙驼子,李寻欢很佩服。

一个人若能在抹布和扫把间隐忍十五年,无论他是为了什么,都是值得人深深佩服的。

但他究竟是为了谁才这样做?

他们守护的究竟是什么?

至于孙小红——孙小红的心意,他怎会不知道?

但他却不能接受,也不敢接受。

总之,这一家人都充满了神秘,神秘得几乎已有些可怕……

山村。

山脚下,枫林里,高高挑起一面青布酒旗。

酒铺的名字很雅,有七个字:"停车爱醉枫林晚。"

只看这名字,李寻欢就已将醉了。

酒不醇,却很清、很冽,是山泉酿成的。

山泉由后山流到这里,清可见底,李寻欢知道沿着这道泉水走到后山,就可在一片默林深处找到三五间精致的木屋。

阿飞和林仙儿就在那木屋里。

想到阿飞那英俊瘦削的脸,那明亮锐利的眼睛,那孤傲倔强的表情,李寻欢的血都似已沸腾了起来。

最令人难以忘怀的,还是他那难得见到的笑容,还有他那颗隐藏在冰雪后的火热的心。

近乡情怯。

李寻欢此刻正有这种心情,没有到这里的时候,他恨不得一步就赶到这里,到了这里,他反而像是有些不敢去看阿飞了。

他不知道阿飞这两年来已变成什么模样。

他不知道林仙儿这两年来是怎么样对待他的。

"她虽然像是天上的仙子,却专门带男人下地狱!"

阿飞是不是已落入地狱中了?

李寻欢不敢去想,他很了解阿飞,他知道像阿飞这种人,若为了爱情,是不惜活在地狱中的。

黄昏,又是黄昏。

小店中还没有燃灯。因为灯油并不便宜,而店里又没有别的客人。

李寻欢坐的位置,是这小店中最阴暗的角落里。

这是他的习惯,因为坐在这种地方,他可以一眼就看到走进来的人,而别人却很难发现他。

但他却绝未想到第一个走进来的人竟是上官飞。

他一走进来就在最靠近门口的位置上坐下,眼睛一直瞪着门外,仿佛是在等人,神情竟显得有些焦急,有些紧张。

这和他往昔那种阴沉镇静的态度大不相同。

他等的显然是个很重要的人,而且他单身前来,未带随从,显见这约会非但很重要,而且很秘密。

在这种偏僻的山村,怎会有令他觉得重要的人物?

那么他等的是谁呢?

他到这里来,是不是和阿飞与林仙儿有关系?

李寻欢以手支额,将面目隐藏了起来。

其实他用不着这样做,上官飞也不会看到他。

上官飞的眼睛一直瞪着门口,根本就没有向别的地方看一眼。

天色更暗。

小店中终于挂起了灯。

上官飞的神情显得更焦躁,更不安。

就在这时,已有两顶绿泥小轿停在门口。抬轿的都是三十来岁的年轻小伙子,崭新的蓝布衫裤,例赶千层浪绑腿,搬尖洒鞋,腰上还系着根血红腰带,看来又威武,又神气。

第一顶小轿中已走下个十三四岁的红衣小姑娘,虽然还没有吸引男人的魅力,但纤腰一握,倒也楚楚动人。

上官飞刚拿起酒杯,突然放下。

这小姑娘剪水般的双瞳四下一转,已盈盈来到他面前,面靥上带着春花般的微笑,嫣然裣衽道:"公子久候了。"

上官飞目光闪动,道:"你是……"

红衣小姑娘眼波又四下一转,悄声道:"停车爱醉枫林晚,娇靥红于二月花。"

上官飞霍然长身而起,道:"她呢?她不能来?"

红衣小姑娘抿嘴笑道:"公子且莫心焦,请随我来……"

李寻欢看着上官飞走出门,坐上了第二顶小轿,看着轿夫们将轿子抬起,他就发觉一件很奇怪的事。

这些轿夫们一个个都是年轻力壮,行动矫健,第一顶小轿的轿夫抬轿时根本不费吹灰之力。

但第二顶小轿的轿夫抬轿时却显得吃力多了。

同样的轿夫,同样的轿子,上官飞的身材也并不高大,这第二顶轿子为何比第一顶重得多呢?

李寻欢立刻随着付清了酒账,走出了门。

他本不喜欢多管别人的闲事,更不愿窥探别人的隐私,但现在他却决定要尾随上官飞,看看他约会的究竟是什么人。

因为李寻欢总觉得他到这里来,必定和阿飞有些关系。

谁的事都可以不管,阿飞的事却是非管不可的。

这山村主要的道路只有一条,由官道岔进来,经过一家油盐杂货铺,一家米庄,一家小酒店,和七八户住家,便蜿蜒伸入枫林。

轿子已走入枫林。

前面的轿夫走得很轻松,脚步也很轻快,后面的轿夫却已在流汗,因为他们抬的这顶轿子不但重,而且轿子里还在不停地动。

突然,轿子里传出了一声笑。

笑声又娇又媚,而且还带着轻轻的喘息,无论任何人,只要他是男人,听了这种笑声都无法不动心。

只有最娇、最媚的女人,才会发出这种笑声。

但轿子里坐的明明是上官飞,难道上官飞已变成了女人?

过了半晌,轿子里又发出一声销魂的娇啼:"小飞,不要这样……在这里不可以……"

然后就听到上官飞喘息着说:"我简直等不及了……

你知不知道我多想你。"

"原来你也和别的男人一样,想我,就是为了要欺负我。"

"对,我就是要欺负,因为我知道你喜欢被男人欺负,是不是……是不是……是不是……"

喘息的声息更剧烈,但语声却低了。

"是是是,你欺负我吧……欺负我吧……"

语声愈来愈低,渐渐模糊,终于听不见。

轿子已上了山坡。

李寻欢倚在山坡下的一株枫树后,在低低的咳嗽。

"原来轿子里有两个人。"

其中一人自然是上官飞。

但一直在轿子里等着他的女人是谁?

那娇媚的笑声,那销魂的昵语,李寻欢听来都很熟悉。

他一向对女人很有经验,他知道世上会撒娇的女人虽然不少,但撒起娇来真能令男人动心的却不多。

他简直已可说出轿子里这女人的名字。

但他不敢说,因为他还没有确定。

无论对什么事,他都不肯轻易下判断,因为他不愿再有错误,对他说来,一次错误就已太多了。

他判断错一次,不但害了他自己一生,也害了别人一生。

山坡上,枫林深处,有座小小的楼阁。

轿子已在这小楼前停了下来,后面的轿夫正在擦汗,前面轿子那小姑娘已走了出来,走上了小楼旁的梯子,正在敲门。

"笃、笃笃!"她只敲了三声,门就开了。

第二顶轿子里直到这时才走出个人来。

是个女人。

李寻欢看不到她的脸,只看出她的衣服和头发都已很凌乱,身段很诱人,走路的姿态更诱人。

她的腰在扭着,但扭得并不厉害,女人走路腰肢若不扭动,固然很无趣,但若扭得太厉害,也会令人觉得恶心。

这女人扭得恰到好处。

她的步履也很轻盈,走得并不快,也不太慢。

这种姿态李寻欢看来也很熟悉。

女人虽然都有两条腿,都会走路,但真正懂得如何走路的却不多,大多数女人走起路来不是像根木头,就是像只扫把。

还有一部分女人走路就像是不停地在抽筋。

只见她盈盈上了小楼,突然回过头来,向刚走出轿子的上官飞招了招手,才闪身入了门。

李寻欢只能看到她半边脸。

她的脸白中透红,仿佛还带着一抹春色。

这一次李寻欢终于确定了。

"这女人果然就是林仙儿!"

林仙儿在这里,阿飞呢?

李寻欢真想冲进去问问她,却又忍住,因为他不愿看到林仙儿和上官飞现在正要做的那件事。

他怕看到了会恶心。

李寻欢是个很奇怪的人。

他虽然并不是君子,但他做的事却是大多数"君子"不会做,不愿做,也永远无法做得到的。

他做的事简直没有任何人能做得到,因为世上只有这样一个李寻欢,以前固然没有,以后恐怕也不会再有了。

是以世上虽有些人一心只希望李寻欢快些死,但也有些人情愿不惜牺牲一切,让他活下去。

夜已深了。

李寻欢还在等着。

一个人在等待的时候,总会想起许多事。

他想起第一次见到阿飞的时候……

阿飞正在冰天雪地中一个人慢慢地走着,看来是那么孤独,那么疲倦,但却宁愿忍受孤独、疲倦和饥寒,也不愿接受任何人的恩惠。

那天李寻欢并不寂寞,还有铁传甲和他在一起。

他不禁又想起了铁传甲,想起了他那张和善、忠诚的脸,想起了他那铁打般的胴体……

只可惜他的胴体虽如钢铁般坚强,但一颗心却是那么脆弱,那么容易被感动,所以他活在世上,也总是痛苦多于欢乐。

想着想着,李寻欢突然又想喝酒了,幸好他身上常常都带着个扁扁的、用白银打成的酒瓶。

他取出酒瓶,将剩下的酒全部喝了下去。

然后他又咳嗽起来。

这两年他咳的次数似乎少了些,但一咳起来,就很难停止,他自然也知道这并不是好现象。

但他却并不忧虑。

他从来也不肯为自己忧虑。

就在这时,小楼上的门已开了。

上官飞已走了出来,自门里射出的灯光,照在他身上,他看来比平时愉快多了,只不过显得有些疲倦。

门里面伸出一只手,拉着他的手。

晚风中传来低低的细语,似在珍重再见,再三叮咛。

过了很久,那只手才缓缓松开。

又过了很久,上官飞才慢慢走下楼梯。

他走得很慢,不住回头,显然还舍不得走。

但这时小楼上的门已关了。

上官飞仰首望天,长长吸了口气,脚步突然加快,但神情看来还有些痴痴迷迷的,时而叹息。

"他是不是也被带入了地狱?"

小楼上的灯光很柔和,将窗纸都映成粉红色。

上官飞终于走了,李寻欢忽然觉得这少年也很可怜。

这世上有很多年轻人不但聪明,而且高傲,但他们却偏偏总是最容易被女人欺骗,被女人玩弄。

李寻欢长长叹了口气,大步向小楼走了过去。

小楼设计得很巧妙，是用木架架在山腰上的，旁边有条窄窄的楼梯，看来很精致，也很新奇。

"笃！"李寻欢先敲了一声门，又"笃笃"接连敲了两声，他早已发觉那小姑娘敲门正是用这种法子。

"笃、笃笃！"敲了三声后，门果然开了一线。

一人道："你……"

他只说了一个字，就看清李寻欢了，立刻就想掩门。

但李寻欢已推开门走了进去。

开门的竟不是林仙儿，也不是那穿红衣服的小姑娘，而是个白发苍苍，满面皱纹的老太婆。

她吃惊地瞧着李寻欢，颤声道："你……你是谁？到这里来干什么？"

李寻欢道："我来找个老朋友。"

老太婆道："老朋友？谁是你的老朋友？"

李寻欢笑了笑，道："她看到我时，一定会认得的。"

他嘴里说着话，人已走了进去。

老太婆想拦住他，又不敢，大声道："这里没有你的老朋友，这里只有我，和我孙女两个人。"

李寻欢还是往里面走，这老太婆无论说什么，他都好像听不见。

小楼上一共隔出了三间屋子，一间客屋、一间饭厅、一间卧室，布置得自然都很精雅。

但三间屋子里都看不到林仙儿的影子。

那穿红衣服的小姑娘像是害怕得很，脸都吓白了，全身不停地发抖,躲在那老太婆怀里,眼睛瞪着李寻欢,颤声道:"奶奶这人是强盗么?"

老太婆吓得连话都说不出了。

李寻欢虽常常被人看成浪子、色狼,甚至被人看成凶手,至少却还没有被人当作强盗。

他觉得有些哭笑不得,苦笑道:"你看我像不像强盗?"

小姑娘咬着嘴唇道:"你若不是强盗,为什么三更半夜闯到人家里来?"

李寻欢道:"我是来找林姑娘的。"

小姑娘像是觉得他很和气,已不太害怕了,眨着眼道:"这里没有林姑娘,只有位周姑娘。"

林仙儿莫非用了化名?

李寻欢立刻追问道:"周姑娘在哪里?"

小姑娘指着自己的鼻子,道:"我姓周,周姑娘就是我。"

李寻欢笑了。

他忽然觉得自己简直像是个呆子。

小姑娘似乎也觉得有些好笑,目中闪动着笑意,道:"但我却不认得你,你为何来找我?"

李寻欢苦笑道:"我找的是位大姑娘,不是小姑娘。"

小姑娘摇着头道:"这里没有大姑娘。"

李寻欢道:"这里刚刚没有人来过?"

小姑娘道:"有人来过……"

李寻欢抢着问道:"谁?"

小姑娘道:"我和我奶奶,我们刚从镇上回来。"

她眼珠子转动,又道:"这里只有两个人,小的是我,大的是我奶奶,但她也早就不是姑娘了,你总不会是找她吧?"

李寻欢又笑了。

他觉得自己很笨的时候,总是会发笑。

小姑娘道:"除了我和我奶奶外,这里既没有人来过,也没有人出去,你若是看到别人,一定是见着鬼了。"

李寻欢的确没有看到有人出去。

门窗一直都是关着的,也不像有人出去过的样子。

但他却明明看到林仙儿走进来。

难道他真的见着鬼了么?

难道从轿子里走出来的那女人,就是这老太婆?

老太婆忽然跪了下来,道:"我们祖孙都是可怜人,这里也没有什么值钱的东西,大爷你无论看上了什么,只管拿走就是。"

李寻欢道:"好。"

饭厅的桌上有瓶酒。

李寻欢拿起了这瓶酒,头也不回地走了出去。

只听那小姑娘在后面偷偷笑着道:"原来这人并不是强盗,只不过是个酒鬼而已。"

第三十九章

阿飞

月仍未缺。

山泉在月光下看来就像是条闪着光的银带。

李寻欢手里还提着那酒瓶,瓶子里还剩下半瓶酒。夜很静,流水的声音在静夜中听来就像是音乐。

他沿着山泉,慢慢地走着,走得并不急。他不愿在天还未亮时就走到阿飞住的地方,免得惊扰他们的好梦。

他从不愿打扰别人。

但无论什么人,无论在什么时候来打扰他,都没有关系。

那老太婆,绝不是林仙儿改扮的。

林仙儿到哪里去了呢?

李寻欢揉了揉自己的眼睛:"难道我已老眼昏花?"

月已落,星已稀,东方渐渐现出曙色,天终于亮了。秋已残,梅花已渐渐开放。

李寻欢忽然闻到一阵淡淡的幽香,抬起头,默林已在望。

默林深处,已隐约可以望见木屋一角。

面对着这一片默林,李寻欢似乎又变得痴了。

幽谷中的梅树虬蟠如铁,妙趣天成,绝非红尘中的俗梅可比,但世上又有什么地方的梅花,能比得上自己家园中的梅花?

默林旁,就是泉水的尽头。

一线飞泉,自半山中倒挂而下,衬着这片梅花,更宛如图画。

图画中竟有个人。

李寻欢也看不到这人的脸,只看出他穿着套很干净、很新的青布衫裤,头发也梳理得很光很亮。

他手里提着水桶,穿过默林,走入木屋。

这人的身材虽然和阿飞差不多,但李寻欢却知道他绝不会是阿飞,阿飞的样子绝不会如此拘谨,头发也不会梳得这么亮。

那么这人是谁?

李寻欢想不出有谁会和阿飞住在一起。

他立刻赶了过去。

木屋的门,是开着的,屋子里虽没有什么华丽的陈设,但却收拾得窗明几净,一尘不染。

桌子的角落里,有张八仙桌,那穿新衣的少年正从水桶里拧出了一块抹布,开始抹桌子。

他抹得比孙驼子还要慢,还要仔细,看来好像这桌子上只要有一点灰尘留下来,他就见不得人了似的。

李寻欢从背后望过去,觉得他的背影实在很像阿飞。

但他绝不会是阿飞。

李寻欢简直无法想象阿飞抹桌子的模样,但这人既然也住在这里,自然一定是认得阿飞的。

他至少应该知道阿飞在哪里。

李寻欢轻轻咳嗽了一声,希望这人回过头来,他才好向他打听。

这人的反应并不快,但总算是慢慢地回过头来。

李寻欢呆住了。

他认为绝不会是阿飞的人,赫然就是阿飞。

阿飞的容貌当然并没有变,他的眼睛还是很大,鼻子还是很挺,看来还是很英俊,甚至比以前更英俊了些。

但他的神情却已变了,变得很多。

他眼睛里已失去了昔日那种慑人的魔力,面上那种坚强、孤傲的神情也没有了,竟变得很平和,甚至有些呆板。

他看来也许比以前好看多了,干净多了,但以前他那种咄咄逼人的神采,那种令人炫目的光芒,如今却已不复再见。

这真的就是阿飞?

这真的就是昔日那孤独地走在冰雪中,死也不肯接受别人的少年?真的就是那快剑如风,足以令天下群雄胆寒的少年?

李寻欢简直无法想象,现在这身上穿着新衣服,手里拿着块抹布的人,就是以前他所认识的阿飞。

阿飞自然也看到了李寻欢。

他先是觉得很意外，表情有些发怔，然后脸上才终于渐渐露出了一丝微笑——谢天谢地，他笑得总算还和以前同样动人。

李寻欢也笑了。

他面上虽然在笑，心头却有些发苦。

两人就这样面对面地瞧着，面对面地笑着，谁也没有移动，谁也没有说话，可是两人的眼睛却已渐渐湿润，渐渐发红……

也不知过了多久，阿飞才缓缓道："是你。"

李寻欢道："是我。"

阿飞道："你毕竟还是来了。"

李寻欢道："我毕竟还是来了。"

阿飞道："我知道你一定会来的。"

李寻欢道："我是一定要来的。"

他们说话都很慢，因为他们的语声已有些哽咽，说到这里，两人突又闭上嘴，像是已无话可说。

但就在这时，阿飞突然从屋子里冲了出来，李寻欢也突然从外面冲了进去，两人在门口几乎撞到一起，互相紧紧握住了手。

两人的呼吸都似已停顿，过了很久，李寻欢才长长吐出口气来，勉强将自己心头的激动压下，道："这两年来，你过得还好么？"

阿飞慢慢地点了点头，道："我……我很好，你呢？"

李寻欢道:"我?我还是老样子。"

他举起了另一只手上的酒瓶,带着笑道:"你看,我还是有酒喝,连我那咳嗽的毛病,这两年都好像已经被酒冲走了,你……"

一句话未说完,他又咳嗽起来,咳个不停。

阿飞静静地望着他,似已有泪将落。

突听一人道:"你看你,李大哥来了,你也不请人家到屋里坐,却像个呆子般站在门口,也不怕人家看到笑话么?"

语声美而媚,带着三分埋怨、七分爱娇。

林仙儿终于露面了。

林仙儿却还是一点也没有变。

她还是那么年轻,那么美丽,笑起来也还是那么开朗,那么可爱,她的眼睛还是发着光,亮得就像是天上的明星。

若有人一定要说她已变了,那就是她已变得比以前更成熟,更有光彩,更有吸引人的魅力。

她就站在那里,温柔地瞧着李寻欢,柔声道:"快两年了,李大哥也不来看看我们,难道已经将我们忘了吗?"

无论谁听到这句话,都一定会认为李寻欢早已知道他们住的地方,却始终没有来探望他们。

李寻欢笑了,缓缓道:"你又没有用轿子来接我,我怎么来呢?"

林仙儿眨了眨眼睛，笑道："说起轿子，我倒也真想坐一次，看看是什么滋味。"

李寻欢目光闪动，道："你没有坐过轿子？"

林仙儿垂下了头，幽幽道："像我这样的人，哪有坐轿子的福气。"

李寻欢道："但昨夜镇上，我看到有个人坐轿经过，那人真像你。"

他眼睛转也不转地盯着林仙儿。

林仙儿面上却连一点惊慌的表情都没有，反而笑道："那一定是我在梦中走出去的……你说是吗？"

后面一句话，她是对阿飞说的。

阿飞立刻道："每天晚上她都睡得很早，从来没有出去过。"

李寻欢心里又打了个结。

他知道阿飞是绝不会在他面前说谎的，但林仙儿若一直没出去，昨天晚上从轿子走出来的那女人是谁呢？

林仙儿已靠近阿飞身旁，将阿飞本来已很挺的衣服又扯平了些，目中带着无限温柔，轻轻道："昨天晚上你睡得还好么？"

阿飞点了点头。

林仙儿柔声道："那么你就陪李大哥到外面去走走，我到厨房去做几样菜，替大哥接风。"

她瞟了李寻欢一眼，嫣然道："外面的梅花已快开了，我知道李大哥最喜欢梅花……是吗？"

阿飞走路的姿势似也变了。

他以前走路时身子虽然永远挺得笔直,每一步迈出去,虽然都有一定的距离,但他的肌肉却是完全放松的。

别人走路是劳动,在他,却是种休息。

现在他走路时身子已没有以前那么挺了,仿佛有些魂不守舍,心不在焉,却又显得有些紧张。

他显然已不能完全放松自己。

两人走了很长的一段,李寻欢还没有说话。

因为他也不知道该说什么。

他本想问问阿飞,为什么要躲到这里来?林仙儿是否已承认了自己的罪行?她劫来的财富是否已还给了失主?

但他都没有问。

他不愿触及阿飞的隐痛。

阿飞也沉默着,又走了很长的一段路,他忽然长长叹了口气,道:"我对不起你。"

李寻欢也叹了口气,道:"你为了救我,不惜自做梅花盗,甚至连自己的性命都不要了,这样若也算对不起我,我倒真希望天下人都对不起我了。"

阿飞似乎全没有听他说话,缓缓接着道:"我走的时候,至少应该告诉你一声的。"

李寻欢柔声道:"我知道你一定有你的苦衷,我不怪你。"

阿飞黯然道:"我也知道我不该这么做,可是我无论如何也无法对她下手,我……我实在已离不开她。"

李寻欢笑道:"一个男人爱上了一个女人,本是天经地义的事,一点也没有错,你为什么偏偏要责怪自己?"

阿飞道:"可是……可是……"

他神情忽然激动了起来,大声道:"可是我却对不起你,也对不起那些受了梅花盗之害的人。"

李寻欢沉默了半晌,试探着问道:"但她已改过了,是吗?"

阿飞道:"我们临走的时候,她已将所有劫来的财物都还给了别人。"

李寻欢道:"既然如此,还难受什么?放下屠刀,立地成佛——这句话你不懂?"

他不愿阿飞再想这件事,忽然抬头笑道:"你看,这棵树上的梅花已开了。"

阿飞道:"嗯。"

李寻欢道:"你可知道已开了多少朵?"

阿飞道:"十七朵。"

李寻欢的心沉落了下去,笑容也冻结。

因为他数过梅花。

他了解一个人在数梅花时,那是多么寂寞。

阿飞也抬起头,喃喃道:"看来又有一朵要开了,为何它们要开得这么早呢?开得早的花朵,落得岂非也早些……"

木屋一共有五间,一间客厅,一间贮物,后面是厨厕,剩下的两间屋子里,都摆着床。

较大的一间陈设较精致,还有妆台。

阿飞道:"仙儿就睡在这里。"

较小的一间也收拾得干干净净，一尘不染。

阿飞道："这是我的屋子。"

李寻欢默然。

他这才知道阿飞和林仙儿原来一直是分开来睡的。两人在这里共同生活了两年，而阿飞又是血气方刚的年轻人。

李寻欢觉得很意外，也很佩服。

阿飞脸上忽然露出一丝微笑，道："你若知道这两年来我睡得多早，一定会奇怪。"

李寻欢道："哦？"

阿飞道："天一黑我就睡了，一沾枕头就睡着，而且一觉睡到天亮，从不会醒。"

李寻欢沉吟着，微笑道："生活有了规律，睡得自然好。"

读客文化将出版以下古龙经典作品

《小李飞刀：多情剑客无情剑》

《小李飞刀2：边城浪子》

《小李飞刀3：九月鹰飞》

《小李飞刀4：天涯·明月·刀》

《陆小凤传奇：金鹏王朝》

《陆小凤传奇2：绣花大盗》

《陆小凤传奇3：决战前后》

《陆小凤传奇4：银钩赌坊》

《陆小凤传奇5：幽灵山庄》

《陆小凤传奇6：凤舞九天》

《陆小凤传奇7：剑神一笑》

《楚留香新传：借尸还魂》

《楚留香新传2：蝙蝠传奇》

《楚留香新传3：桃花传奇》

《楚留香新传4：新月传奇·午夜兰花》

《七种武器：长生剑·孔雀翎》

《七种武器2：碧玉刀·多情环》

《七种武器3：离别钩·霸王枪》

《七种武器4：愤怒的小马·七杀手》

《萧十一郎》

《火并萧十一郎》

《绝代双骄》

《欢乐英雄》

《三少爷的剑》

《流星·蝴蝶·剑》

《武林外史》

《白玉老虎》

《圆月弯刀》

《大人物》

《绝不低头》

《碧血洗银枪》

《彩环曲》

《苍穹神剑》

《大地飞鹰》

《风铃中的刀声》

《护花铃》

《剑毒梅香》

《剑客行》

《猎鹰·赌局》

《名剑风流》

《飘香剑雨》

《七星龙王》

《失魂引》

《血鹦鹉》

《英雄无泪》

《游侠录》

《月异星邪》

激发个人成长

多年以来,千千万万有经验的读者,都会定期查看熊猫君家的最新书目,挑选满足自己成长需求的新书。

读客图书以"激发个人成长"为使命,在以下三个方面为您精选优质图书:

1. 精神成长
熊猫君家精彩绝伦的小说文库和人文类图书,帮助你成为永远充满梦想、勇气和爱的人!

2. 知识结构成长
熊猫君家的历史类、社科类图书,帮助你了解从宇宙诞生、文明演变直至今日世界之形成的方方面面。

3. 工作技能成长
熊猫君家的经管类、家教类图书,指引你更好地工作、更有效率地生活,减少人生中的烦恼。

每一本读客图书都轻松好读,精彩绝伦,充满无穷阅读乐趣!

认准读客熊猫

读客所有图书,在书脊、腰封、封底和前后勒口
都有"读客熊猫"标志。

两步帮你快速找到读客图书

1. 找读客熊猫

2. 找黑白格子

马上扫二维码,关注"**熊猫君**"
和千万读者一起成长吧!